越韵吴风——嘉兴市非物质文化遗产大观

嘉兴传统体育、游艺与杂技

嘉兴市文化广电新闻出版局 编

浙江摄影出版社

嘉兴传统体育、游艺与杂技

嘉兴市文化广电新闻出版局编

总　序

李　平

　　中华历史源远流长，民族文化博大精深，先辈留下的文化遗产异彩纷呈，璀璨夺目。其中，既包含了数不胜数、弥足珍贵的文物、典籍等有形的物质文化遗产，亦包含了大量的发源于民间、根植于民间、深藏于民间的，通过世代口传心授得以相传的，无形的、活态流变的非物质文化遗产。这些非物质文化遗产承载了民间古老的文化记忆，展现了民族文化的个性与特征，凝结了中华民族的智慧与精神。

　　非物质文化遗产是一种独特的文化现象，它的活态流变性是其世代绵延、传承的重要规律和基本特性。正是这种活态流变性使当下的非物质文化遗产保护面临着一些不容忽视的状况与危机：一些依靠口传心授的文化遗产正随着其传承人的谢世不断消失，许多传统技艺濒临消亡；大量非物质文化遗产正经受着全球经济一体化和现代化进程的冲击和消解；具有历史与文化价值的非物质文化遗产实物与资料正遭受毁弃或流失境外……因此，对非物质文化遗产的保护与传承已经迫在眉睫，刻不容缓。

　　嘉兴古称"长水"、"嘉禾"，位于长江三角洲南翼，杭嘉湖平原腹地，枕京杭大运河且水网稠密，素有"越韵吴风，水都绿城"之誉。七千多年前已出现人类文明曙光，先人在此繁衍生息，种稻为业，形成被誉为"江南文化之源"的马家浜文化。后渐为"天下粮仓"，至六朝，"嘉禾之区"美名传扬四方。宋时粮桑并茂，渔牧并进。明代称

"鱼米之乡、丝绸之府"。历史悠久的农耕文明与民间文化给嘉兴市留下了丰厚的非物质文化遗产。闻名古今中外的运河文化、蚕桑文化、稻作文化以及嘉兴端午习俗、嘉兴灶头画、五芳斋粽子制作技艺、掼牛、海宁皮影戏、硖石灯彩、嘉善田歌、平湖钹子书、平湖派琵琶艺术、海盐滚灯、桐乡含山轧蚕花、高竿船技、秀洲网船会等多姿多彩的非物质文化遗产，为今天嘉兴的繁荣增添了意蕴隽永的独特的文化魅力。

多年来，嘉兴市委、市政府在重视民族文化传统、弘扬传统文化精神、延续城市文化脉络等方面做出了巨大的努力，在保护非物质文化遗产的生态性、多样性、独特性方面取得了重要进展。截至 2009 年，市政府已公布嘉兴市非物质文化遗产名录一百零五项，其中被公布列入世界人类非物质文化遗产代表作名录的一项、国家级非物质文化遗产名录的十三项、浙江省非物质文化遗产名录的四十四项；拥有一批国家、省、市级民间文化艺术之乡、传统节日保护地、非物质文化遗产生态保护区、传承（教学）基地、产业基地、代表性传承人及民间艺术家。秀洲区、桐乡市、海宁市、嘉善县、平湖市、海盐县分别被评为中国民间绘画之乡、漫画之乡、灯彩之乡、田歌之乡、西瓜灯之乡和滚灯之乡。2010 年 5 月，市政府制定出台了《嘉兴市非物质文化遗产保护发展规划》以及《嘉兴市蚕桑丝织文化生态区保护规划》，确定了至"十二五"末嘉兴市非物质文化遗产保护工作的指导思想、方针政策、保护计划和保障措施，大手笔描绘了嘉兴非物质文化遗产保护可持续发展的美好蓝图。

非物质文化遗产的抢救和保护是一个长期的、浩大的、极其复杂的文化系统工程，需要建立科学而有效的保护和传承机制。目前，对非物质文化遗产的保护办法与方式多种多样，以文字记载的方式将其转化成全面、真实、系统的，可供保存、传承和弘扬的有形资料，便是其中一种有效、可靠的保护方法。"越韵吴风——嘉兴市非物质文化遗产大观"丛书正是借此方式，有计划、有组织地开展《嘉兴市非物质文化遗产名录集成》以及《嘉兴民间文学》(上、下卷)、《嘉兴传统音乐》、《嘉兴传统舞蹈》、《嘉兴传统戏剧》、《嘉兴曲艺》、《嘉兴传统体育、游艺与杂技》、《嘉兴传统美术》、《嘉兴传统技艺》、《嘉兴传统医药》、《嘉兴民俗》等册的编纂出版工作，集中展示近年来嘉兴市非物质文化遗产保护成果，追根溯源，揭示非物质文化遗产的悠久历史与发展现状，展现承载着嘉兴古代文化基因的、鲜活的民间文化，唤起全社会的关注与支持，共同推进嘉兴市非物质文化遗产的保护与发展。

非物质文化遗产是人类创造力的突出表征，是民族传统文化的珍贵记忆，是守护人类心灵的精神家园，对人类的生存与发展均有着独特的价值。保护非物质文化遗产，对增强民族认同感、自豪感和归宿感，维护世界文化的多样性，实现特定的文化权利，创新和发展民族文化，构建社会主义和谐社会，有着极其重要的促进作用。

因此，抢救、保护、传承和发展正处于生存困境中的非物质文化遗产，已成为时代赋予我们的非常紧迫的历史使命。这不仅仅需要这样一套有形书籍的付梓出版，需要政府与民众齐心协力地投入与探索，更需要全社会乃至全人类的文化自觉。

是为序。

2010 年 5 月

(作者系浙江省人民政府党组成员、秘书长，时任嘉兴市人民政府市长)

凡 例

一、本丛书坚持科学性、普及性、时代性、地域性原则，力求写成一套图文并茂、通俗易懂的普及性读物，向广大民众介绍嘉兴市范围内非物质文化遗产的丰富资源以及保护工作情况。

二、本丛书按目前国家级非物质文化遗产名录的类别，计划分十册编纂出版，计有《嘉兴民间文学》(上、下卷)、《嘉兴传统音乐》、《嘉兴传统舞蹈》、《嘉兴传统戏剧》、《嘉兴曲艺》、《嘉兴传统体育、游艺与杂技》、《嘉兴传统美术》、《嘉兴传统技艺》、《嘉兴传统医药》和《嘉兴民俗》。此外，专门就现有嘉兴市级以上"非遗"名录，先期编纂出版《嘉兴市非物质文化遗产名录集成》。

三、入选各册的内容涉及嘉兴市范围内非物质文化遗产的各个方面。凡进入各级"非遗"名录的项目着重介绍，尚未进入或无法进入"非遗"名录但在当地有较大影响的项目也予以介绍。材料主要依据近年来非物质文化遗产普查成果，同时采纳十大文艺志书集成和前人采风成果，并录入一些新发现的重要线索。

四、本丛书体例，各册目录之后安排"概述"，主要交代某个门类非物质文化遗产所在区域的生态环境和历史文化背景，叙述其起源、传承、流布、变迁以及组织、地区差异及现状，简述其基本内容，在本土文化语境中说明其意义、价值、功能，简述保护工作情况。正文一般安排两级标题，一级标题为种类，二级标题直接进入相关项目的写作。种类的安排大致参照国家级非物质文化遗产名录的分类体系，同时参考该学科习用的分类法，并考虑到实际情况加以设计。《嘉兴传统戏剧》和

《嘉兴曲艺》两册的情况特殊，不设一级标题，直接进入相关项目的写作。相关项目的定名，尽量与国家级非物质文化遗产名录的称谓相一致，并从实际情况出发作适当调整。有些项目的归类可能出现争议，一般均参照国家级非物质文化遗产名录的惯例适当处置。

五、本丛书强调所介绍的文化遗产的非物质性，着重叙述其活态传承的情形，如艺术的表演过程及其特色，技艺的工艺流程，民俗活动的仪轨、禁忌，传承人的传承情况等。相关的民俗文物、典籍、场所、机构只相应予以必要的介绍，避免喧宾夺主。有些内容如与"非遗"有关而又不宜进入正文的，则附录于书后，以供参阅。

六、本丛书主要着眼于文化传承与传播，因而不同于通常的科学技术参考书籍。在传统医药范畴里，书中述及的疗法和方剂，其疗效尚有待于进一步研究，不可直接用于指导治疗疾病。在传统技艺范畴里，出于保护知识产权的考虑，所述技法并不能供读者直接模仿。倘若由此造成不良后果，编者概不负责。

七、"非物质文化遗产"作为一个科学概念，提出的时间不长，其涵盖的内容及分类方法尚有待完善。本丛书的编写体例尚无理想的范本可供参考，一切皆在探索之中，欢迎读者和方家不吝指教。

"越韵吴风——嘉兴市非物质文化遗产大观"丛书编委会

2012年5月

目 录

概　述

　　嘉兴有着丰富的民族传统体育项目，截至 2016 年，嘉兴地区有民族体育、游艺、竞技项目二百九十八项，其中列入国家级非物质文化遗产名录的有两项（嘉兴掼牛和桐乡高杆船技），列入嘉兴市非物质文化遗产名录的有十一项，列入浙江省非物质文化遗产传承人的有一人，列入嘉兴市非物质文化遗产传承人的有十一人。这些项目产生于嘉兴特定的自然与社会环境，它承载着嘉兴人民对生产、生活、健康、审美与爱情的不懈追求，印记着嘉兴人民团结互助、坚强不屈的优良品质，传承着一种生生不息的民族精神，揭示了嘉兴民族体育与社会政治、经济、文化、宗教、教育、艺术、环境间的相互关系，反映了不同时期地域经济和社会发展的轨迹，是现代社会经济发展宝贵的资源财富，具有鲜明的地域特点。

　　一、嘉兴传统体育、游艺与杂技项目特色

1. 民族特色

　　嘉兴民族体育具有鲜明的民族特色，比如国家级非物质文化遗产名录保护项目——嘉兴掼牛，是浙江嘉兴回族体育项目，遵循了回族"宰牲节"的礼仪程序。回族宰牛，首先由阿訇手捧《古兰经》主持诵经后，由几名壮士将牛掼倒捆住，然后由阿訇主刀开宰，将宰好的牛、羊肉分发给族民，而且每逢"开斋节"必须进行这一礼仪程序。在嘉兴市南湖区甪里街，曾建有嘉兴第一座清真寺，甪里街一度被称为"回回街"。嘉兴掼牛还被列入全国民族运动会表演项目。1982年在内蒙古举行的第二届全国少数民族运动会上，韩海华（浙江省非物质文化遗产传承人）表演了掼牛绝技，获得观众的喝彩和国家领导人的高度赞赏。原国务院副总理万里观看了表演，并称嘉兴掼牛为"中国式斗牛"。嘉兴籍武侠小说巨匠金庸先生笔下的武侠小说中也出现了嘉兴掼牛和船拳的元素，金庸先生还为"嘉兴掼牛"题了词。所以说，嘉兴掼牛有着深厚的历史底蕴和文化内涵，并已形成了自己的地域优势和民族特色。

1982年第二届全国少数民族运动会上，韩海华表演掼牛绝技

2. 地域特色

地处吴根越角的嘉兴河网纵横、舟船穿梭。吴越争霸，越国初败，兵器尽被销毁。为抵御欺辱、保护家国，"依水而居"、"人家尽枕河"的嘉兴人借助生产及生活工具作武器，以船为平台，以木桨、木橹、竹篙以及陆上的锄头、厨房刀剪乃至渔家小女头上的发簪为兵刃，发展并创造了"南湖船拳"这一独特的传统武术项目。公元前496年，吴越争霸，吴王夫差大败越军。暂告失败的越国，无论官兵还是民间的刀剑、金戈、铁戟，尽数被吴国收缴并销毁。然

金庸先生为"嘉兴掼牛"亲笔题词

而反吴复越的潜流自此愈加凶猛涌动，嘉兴民众拿起普通的生产、生活工具作武器，使"南湖船拳"进化为进攻与防御兼备的武术套路。而"南湖船拳"中的"越女剑"，在越王勾践的"檇李之战"中发挥了至关重要的作用，已成为极具江南水乡特色的武术拳种。

3. 宗教特色

嘉兴桐乡大麻镇，有这样一个风俗：每到清明左右，农历二月的二十六、二十七、二十八三天，各个村庄男女老少就会扛着他们的神器，一路上敲锣打鼓地向庙里进发，谁先到庙里就要进行求神拜佛，迎福祈祥。然后到指定的地点集合，等所有的村庄队伍都到齐后，鞭炮齐鸣，锣鼓开道，便开始了浩浩荡荡的表演游行。

在高高竖起的大纛旗引领下，手持钢叉、大刀、方天戟、画天戟的队伍依次跟在后面，还有马灯队、龙灯队，

嘉兴南湖船拳在船上对练的场景（嘉兴市文化馆／供图）

好不壮观和热闹。队伍最后抬着庙里供奉的金都总管、太子太保、东岳大帝、龙图阁大学士、福德五猖使司和三老爷六尊菩萨，菩萨每过一个村庄，都有很多善男信女拜佛烧香，恭送菩萨，祈求平安。另外，嘉兴南湖的掼牛既是回族传统体育项目，又是伊斯兰教宗教礼仪的一部分。传说一圣人向真主求子，由此产生了宰牲节（忠孝节），故事延传至今。

桐乡大麻镇庙会菩萨名录（王珊／摄影）

4. 生产特色

嘉兴河道纵横交错，自古船运发达。农家为载物出行，均自备船只。摇船，自然成了农民的一种劳动技能。闲时参加水会赛船，既娱乐，又联谊，为水乡人之爱好。"劈波好似龙出水，斩浪就像鲸归海。船舫彩旗猎猎响，船头高昂抢头牌。"由此产生了古老的嘉兴三塔踏白船（摇快船）农耕表演竞技项目。

三塔踏白船（摇快船）竞渡活动，起源于祭祀蚕神。传说某年嘉兴一带大旱，桑叶枯萎，春蚕无以为饲，农家心急如焚。一女子为此背井离乡，至湖州一带，见桑叶甚好，便连夜疾步回家，唤乡民飞舟买桑叶救蚕。春蚕得救了，而那女子却因劳累过度不幸身亡，后

一年一度的桐乡蚕花胜会（张剑秋／摄影）

人遂将其尊为蚕花娘娘（即蚕神），并于每年农历三月十六以划船竞赛纪念她。是日，村民摇船至运河三塔塘岸，先将带来的猪、鸡、鱼等在茶禅寺蚕花娘娘神位前祭奠，然后进行划船比赛，形成嘉兴一年一度盛大而精彩的蚕花胜会——踏白船（摇快船）活动。比赛结束，村民们便在野地里埋锅造饭，饱餐一顿，尽兴而返，接着便准备饲育春蚕。这项活动遍布嘉兴各地，而且活动形式精彩多样。

5. 表演特色

嘉兴桐乡高杆船技是一个民间杂技项目，具有很强的表演性和观赏性。桐乡地处德清、海宁、余杭交界，河汊密如蛛网，漾荡星罗棋布。长期以来，该镇农民以蚕桑生产作为生存的主要方式，每年一次蚕神祭祀是当地重要的民俗活动。

高杆船杂技就是在蚕神祭祀仪式上模拟蚕宝宝吐丝做茧动作的水上民间杂技表演项目。据地方志及相关民俗资料记载，高杆船杂技起源于明末清初，以清代后期和民国时期为盛。表演时间为每年清明节前后三日的蚕花水会，在清河村双庙渚、南松村富墩桥和含山等附近水面上表演，气氛热烈，吸引更多人参与和观赏，共享快乐，祈祷风调雨顺、五谷丰登。

6. 竞技特色

嘉兴有许多民族体育项目都具有很强的竞技性，比如嘉兴桐乡大麻镇的大纛旗、方天戟、钢叉、大刀，它们在最初的强身健体、防身自卫、保家卫族的基础上，发展成形式多样、精彩纷呈、观赏性很强的竞技项目，有比重量、比技艺、比难度、比时间等不同形式。

另外，源于江南水乡的蚕花胜会摇快船，蚕农创始的目的就是采用摇快船的方式去外地购买桑叶救蚕宝宝。后来为提高蚕花胜会的观赏性和村民的参与度，营造节日氛围，丰富活动形式，人们便不断创新，提高摇快船竞技性，如单船多人竞渡、双船多人竞渡、男女多人竞渡和双船背向抢荷花等。

7. 娱乐特色

嘉兴作为历史悠久的文化古城，其民间游戏种类繁多、内容丰富、形式多样，具有浓郁的地方特色，是嘉兴水乡人靠自己的聪明才智创造出来的精神文化生活内容。这些游戏项目来自民间，源自生产生活，是民众喜闻乐见、群体参与的生活文化内容，其活动内容不受年龄、地点和器材限制，锻炼效果全面，娱乐性强，并可自由组织，具有浓厚的艺术魅力和深厚的文化内涵。这些民间游戏丰富了嘉兴人民的文

双臂舞大刀比赛（张剑秋／摄影）　　　　双臂舞钢叉比赛（张剑秋／摄影）

化生活，娱乐了人们的身心，正成为社会和谐的重要载体而不断创新、延续和发展。

8. 科技特色

嘉兴民族民间体育除了具有丰富的文化内涵，还蕴藏着很高的科技含量和学术价值。比如起源于明清时期并具有农耕生产气息的嘉兴桐乡高杆船杂技，是当地蚕农为祈求蚕桑丰收、生活富裕，而在每年举行一次的水上蚕神祭祀活动中表演的。表演时"船在河中行，杆在船上立，人在杆上翻"，场面壮观，是集健身、耍技和观赏于一体的表演项目。桐乡高杆船杂技项目是嘉兴人民模拟蚕宝宝做茧时在稻草上爬行、缠丝、弯身等十八个动作而形成的。在非常原始的时代，嘉兴人在小船上竖起高约二十多米的毛竹，时而倒立、时而翻转、时而倒钩、时而反弓、时而挂壁，用肢体语言表现蚕宝宝做茧的全过程。这对现代人来说，是不一定能想到或做到的事，但数百年前的嘉兴人做到了。

中国民族民间体育开发研究会常务副理事长、秘书长，浙江省非物质文化遗产保护专家委员会专家（传统体育专

"嘉兴掼牛"竞技表演（韩海华／供图）

家组组长），杭州师范大学教授徐金尧指出：嘉兴桐乡高杆船杂技项目，不仅仅是一个记载当地蚕农为祈求蚕桑丰收的表演项目，而且是极具科技含量和学术价值的农耕项目，它反映了嘉兴人民与动物、自然环境和谐相处的理念，体现了嘉兴人民的智慧，创造了嘉兴先辈们将农耕与科技紧密结合的典范。

9. 生产性保护特色

随着社会经济的发展和人民群众生活水平的不断提高，嘉兴地方政府领导非常重视民族民间体育产业的开发，将民族民间体育资源转化为休闲旅游产业资源和社会特色经济优势。比如嘉兴南湖区政府与杭州师范大学联合开展"嘉兴掼牛"文创产业协作，同时，建立"嘉兴掼牛文化创意产业研发基地"，成立了嘉兴南湖中国式斗牛有限公司。南湖区政府斥巨资在南湖凌公塘文化公园建造了斗牛场，向嘉兴市民与广大游客展示嘉兴特色的掼牛竞技表演，这将成为集运动休闲、文化旅游、餐饮服务于一体的特色产业。另外，桐乡的"高杆船技"在乌镇旅游景区建立了固定的表演区，经常为游客表演惊险刺激的"高杆船技"，已成为桐乡乌镇旅游景区一道亮丽的风景线。凡此种种，形成了民族体育文化创意产业链和价值链，促进了嘉兴国家级非物质文化遗产的保护和社会文明的和谐发展。

二、嘉兴传统体育、游艺与杂技项目的价值

1. 促进文化交流

民族民间体育是嘉兴人民为适应生产和生存的需要，在长期的历史发展中创造出来的，是传统文化的宝贵遗产，蕴含着嘉兴人民的聪明才智和坚韧不拔的精神。随着社会的发展，嘉兴民族传统体育活动不仅可以在县市区联合开展，而且还可以跨省市开展。比如每年蚕花胜会期间的摇快船，各村庄的男女老少都参加活动，成千上万的人到场观战助威，甚至会吸引周边其他地区村民的参与和观看。通过活动，可加强村庄之间、村民之间，甚至是地区之间的思想融合和文化交流，增进了友谊和团结，促进了社会的和谐发展。

2. 改善人际关系

具有本地特色且民众喜闻乐见、参与性强、组织形式多样的民族民间体育比赛和民俗文化表演活动，能缓解居民工作、生活的压力，消除身心疲劳，为村民提供最基本的文化艺术内容和体育休闲享受。另外，嘉兴民族体育产生于民间，来源于生活，具有活动大众性、参与广泛性、形式集体性、娱乐竞技性的特点，人们在参与体育活动的过程中相互理解、相互支持、相互合作、相互鼓励，增强了向心力和凝聚力，形成了良好的人际关系、社会风尚及道德行为规范。同时，开展活动时，其活动方法、运动形式、活动规则、参与人数等由组织者和参与者共同协商决定，这种自我参与、民主组织、共同管理的形式，有利于我国基层民主政治的发展。这对化解社会矛盾、维护社会秩序、促进社会和谐有着积极的作用。

3. 促进经济发展

嘉兴地区大多数民族体育项目，表演艺术性强，活动场面壮观，观众参与性高，既具有丰富的历史文化内涵，同时也是现代体育休闲旅游的有效资源。比如嘉兴掼牛、高杆船杂技、摇快船等项目都可与当地体育休闲旅游相结合。我们可以对其进行合理开发、有效整合、科学设计，形成具有嘉兴特色和优势的旅游资源，打造嘉兴旅游品牌，以满足大众的文体休闲需求，吸引全国各地游客，促进地区经济的协调发展。

壹

传统武术

壹

传统武术
嘉兴传统体育、游艺与杂技

I. 南湖船拳

地处吴根越角的嘉兴，河网纵横，舟船穿梭。人们载物、出行均靠船只，船上的人们自然练就了一身的好本领。为了抵御外侮、保卫家园，先民们以船为平台，创造并发展了"江南船拳"这一独特的武术文化样式。自春秋战国至今，带有浓厚的水乡文化和地域特色的"江南船拳"伴随古运河穿越嘉兴的历史，以海纳百川的姿态，秉承传统，吸纳南拳北腿的长处，成为嘉兴人民保家卫国、强身健体的独特武学。2011年，"江南船拳"以"南湖船拳"之名，被列入浙江省非物质文化遗产名录。

（1）南湖船拳的历史渊源

江南水乡，船是主要的交通工具，它和人们的生产生活息息相关。船拳流行于江南地区，是在船上进行的一种特殊的武术表现形式，主要分布于杭嘉湖及舟山、温州一带，因地区不同带有不同的特色。

在八大水系汇合的水陆要冲嘉兴，水乡船民和漕帮等帮会为保家防身，借助生产、生活工具在船头狭小之地习练武术，经过漫长的岁月，逐渐形成了江南船拳的雏形。南湖船拳（又称江南船拳）是在江南水乡文化背景下独具嘉兴地域特点的武术，并吸收了江浙地区南拳和北方查拳及心意六合拳的表现形式，有着浓厚的地方特色和深厚的历史文化底蕴。嘉兴的地方志和民间笔记小说中都有关于江南船拳的记载和描述。"船拳"源出浙江嘉兴、吴兴，古名"水戏"。据《吴兴丛书》掌故记载，以丝绸之府、鱼米之乡著称的吴兴，"清明日，桡彩舟于溪上，为竞渡之戏，谓宜田蚕"。"相传始于越王习水战"，"唐杜牧之佐宣城时，刺史崔元亮大张水戏，使人纵观"。在古代，"戏"的解释是"三军之偏也，一曰兵也"。从上述这段记载中，可以看到"水戏"是由军事活动衍变为娱乐活动，而后逐步形成江南人民喜闻乐见的武术形式的。

嘉兴又向来被视为"负海控江"的战略要地，是重要的设防区域，历来为兵家所重视。早在春秋战国时期，嘉兴一带就是吴越古战场。据《嘉兴市志》记载，公元前496年，吴越争霸，越国初败，兵器尽被销毁。为反抗侵略，"依水而居"、"人家尽枕河"的嘉兴人以生产及生活工具作武器，船上的木桨、木橹、竹篙，陆上的锄头、厨房刀剪，乃至渔家小女头上的发簪都逐渐演化成兵刃，并随徒手拳术的心诀得以发展，使"船拳"进化为兼具进攻、防御意义的武学样式。而"船拳"中的"越女剑"，为越王勾践取得"槜李之战"的胜利发挥了至关重要的作用。

延续到唐、宋、元、明、清及抗日战争时期，富庶的嘉兴也常常因为战略要冲、官家漕运的特殊地理位置而屡遭战火。在古往今来的历次战乱中，一些水军散落定居于嘉兴一带，军中船拳便与民间船拳逐渐融合，成为江南水乡百姓和历代漕帮船民所钟爱的防身和抗敌之术。据传说，在明末抗倭和近代抗日战争时期，出没于嘉兴河荡港湾让敌寇闻风丧胆的王江泾、双桥、油车港等地的义军，都身怀江南船拳绝技。大量迁徙至嘉兴的异地武术家带来了各种武学新元素，促使"船拳"在传承中蜕变、完善和发展。"船拳"就是在这样的环境下以本土的武术为基础，融入外来武术的元素，得以传承发展的。

在相对和平的年代，"船拳"只是嘉兴百姓们娱乐生活的一部分。流行在江浙一带的拳术有"小金枪"、"醉八仙"、"梅花桩"等。随着武术气氛的逐渐浓郁和拳术的日趋成熟丰富，江南船拳开始在中国的一些传统节日里精彩亮相。每逢农历佳节，水乡拳师齐齐登船表演各自的拿手好戏。据《嘉兴市志》下卷"社会风俗与方言"记载，明清和民国时，嘉兴北片水乡，每逢农历佳节，如立夏、端午、中秋之时，水乡拳师和各村庄船拳高手，往往会各登拳船，精彩亮相。那时王江泾和莲泗荡一带以及三塔塘都有表演江南船拳的拳船。有的是用双桨快船装饰而成，有的就是普通木船插上村庄标志旗而成。几十条船齐聚，各献绝技，岸边观者如云，喝彩声、掌声此起彼伏，古风淳厚，民俗可亲。发展到近代，为适应观赏，船拳中还增加了掷石锁、叠罗汉等表演性质的内容。

（2）南湖船拳主要传承人

在人们的记忆中，南湖船拳第一代主要传承人有朱松涛（江南单刀王）、朱永寿（江南镖师）；南湖船拳第二代主要传承人有周荣江（江南大力士）、李尊恭、李青山、李尊思；南湖船拳第三代主要传承人有劳振坤、章宝春、罗国强、周通海、蔡光圻、

壹

传统武术

嘉兴传统体育、游艺与杂技

南湖船拳第二代传承人、江南大力士周荣江（嘉兴市文化馆／供图）

南湖船拳传承人周通海（周荣江儿子）（康吕赐／摄影）

韩海华；南湖船拳第四代主要传承人有茅林谦、陈伟文、余广粮、岳智辉、平培华、黄逸清、毛松洁、胡建强、钱雪飞、杨亚铭、甘岗、胡成勇、张惠、莫能军、谢培荣、南庆平、曹啸峰、沈晓栋、曹晨曦、夏懿、韩志超、韩乾、王江燕、李承雨、张丽萍、徐燕、王玲、周娜、万鑫英、李岩、黄余淼、康吕赐、韩佳蓓、韩家宠。

代表性传承人周荣江（1898—1994），海宁黄湾花园村人。先后师从"江南单刀王"朱松涛、"江南镖师"朱永寿等练习船拳武艺，深得诸恩师衣钵。二十六岁时，应邀教授浙江体育师范、浙江体育专科学校、浙江武术会师生习练武术，为传承嘉禾本土武学、吸纳海内外武学文化精髓作出了贡献，成为南湖船拳继往开来的一代宗师。

20 世纪三四十年代后，大型的船拳活动在嘉兴一带渐渐消失。江南船拳大多散落在民间乡村，以家族、村庄传承为主，各有各的拳法套路，但大同小异，有些也吸收其他拳种的长处，自成一家。20 世纪中期，一代武术宗师，被称为"江南大力士"的周荣江，在嘉兴默默地倾力搜集、整理散落在民间的各路江南船拳拳法，将江南船拳整理成嘉兴独有的具有悠久历史和水乡特色的拳种套路，并传授给周通海、蔡光圻和韩海华等弟子，

南湖船拳传承人蔡光圻（嘉兴市文化馆／供图）　南湖船拳传承人韩海华（韩海华／供图）

使江南船拳得以在嘉兴保留传承至今。

　　进入 21 世纪，嘉兴市南湖区武术协会致力于挖掘嘉兴古老的江南船拳，并将其发扬光大。蔡光圻和韩海华对江南船拳进行潜心研究，创编出系列江南船拳套路。

（3）南湖船拳基本技术套路

　　船拳长期隐于民间，属于短兵相接的对打套路，又因地制宜，以渔叉、船桨等为武器，是一种敏捷、稳健的武术拳种。江浙一带流行的江南船拳系列中，有小红拳、醉八仙、小金枪、梅花桩、岳家手等。

　　蔡光圻先生和韩海华先生发掘和整理出了以下四段三十二个动作套路和拳法结构。

　　第一段（预备式）：

　　1. 抢臂马步砸拳；2. 弓步冲拳；3. 弹腿冲拳（接跪步冲拳）；4. 左弓步冲拳；5. 弹腿冲拳（接跪步冲拳）；6. 左弓步冲拳；7. 右弓步顶肘；8. 反身跪步压肘。

　　第二段：

　　1. 右、左骑龙步抢抱拳；2. 提膝双砸拳；3. 右丁步云手；4. 左、右丁步云手；5. 弓步架打冲拳；6. 并步砸臂；7. 虚步推掌；8. 左弓步撩拳。

　　第三段：

　　1. 并步双握拳；2. 马步冲拳；3. 马步冲拳；4. 左弓步顶肘；5. 右弓步顶肘；6. 左弓步顶肘；7. 点步收掌；8. 反身弓步双推掌。

　　第四段：

　　1. 右勾腿撩拳；2. 左勾腿撩拳；3. 马步撩拳；4. 马步砸拳击胸；5. 右弓步推掌接马步冲拳插掌；6. 双插掌并步起跳双握拳；7. 左右抢臂打虎式；8. 移步双插掌接

收势。

蔡、韩两先生还总结出以下基本手型、基本拳法和基本步型的动作结构。

基本手型：船拳的手型由拳、掌、指、勾等基本动作组成。

基本拳法：包括单直拳、双直拳、下抄拳、下弹拳、冲天拳、单挑拳、双挑拳、分开一字拳等。

基本步型、步法：马步、拖步、四平步、虚步、格挡步、丁字步等。

（4）南湖船拳套路器材

根据金庸先生在武侠小说中对嘉兴"江南七怪"的描述和南湖船拳产生的地域环境，我们挖掘整理并复制了系列南湖船拳套路器械与服饰用具（见第 26 页和第 27 页图片）。

（5）南湖船拳技术特点

船拳，由于是在船头仅有的一张稍宽的八仙桌上操练，这就决定了船拳的一招一式绝不能像其他武术套路那样，有大面积的蹲、跳、蹦、纵、闪、展、腾、挪。船拳，习武在船头，身动船晃，为了适应船身的移动，习武人既要桩牢身稳，又不能受船动的束缚，既要稳，又要轻。船拳的手法似出非出，似打非打，出招敏捷，收招迅速。防御动作，以手为主，双手不离上下，如门窗一样，似开非开，似闭未闭，以身为轴，一般在原地

南湖船拳（江南七怪）套路器械

南湖船拳器械之大刀

南湖船拳器械之船篙

南湖船拳服饰

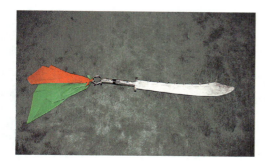

南湖船拳器械之渔刀

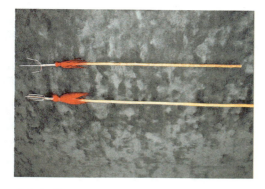

南湖船拳器械之渔叉

南湖船拳器械之长凳

南湖船拳服饰之蓑衣蓑帽

转动。整体效法水战，展现内外兼修、短兵相接、刚健遒劲、神形合一，步势稳当、躲闪灵活的特点。

船拳十分注重腿部、臀部和腰部的运动，步法极其注重马步，以求操拳时稳健，经得起风浪颠簸。腿部是发力的重点，故十分重视转腰、甩腰、下腰的动作。为了适应在狭小的船面上进退自如，船拳十分重视弓、马步转换动作，以体现进则带攻、攻则带躲闪的特点。手法上快、准、狠，多用指法、肘法增加打击力度，以及强调上下肢的协调配合。在基本功训练时也特别讲究下盘的稳固和动作的灵活。

一般而言，只要能适应船头空间的大小以及行船的波动，大多数拳种及器械应该都能演练。船拳的独特风格，正是融合了江南水乡的灵秀和武术的勇猛，自立于武林之中，为广大江南人所喜爱。

（6）南湖船拳基本价值

①历史人文价值　从春秋时期流传到现在，船拳不仅积淀了丰厚的文化内涵，更是成为嘉兴的"活化石"，默默见证了京杭大运河的变迁和南湖的发展，在嘉兴的发展史上留下了不可磨灭的印记。

②健身养生价值　船拳中的手法、步法、身法的配合演练，加上各种动作的变化，几乎带动了全身的运动。船拳

传统武术

嘉兴传统体育、游艺与杂技

对于人体的神经系统、内分泌系统、循环系统、呼吸系统、消化系统、运动系统等均能起到良好的锻炼作用。船拳习练者在长期坚持练习中，提高了身体素质。

③教育教化价值　船拳属于一种博采南拳北腿众家之长的武术样式。其中武德包含着正义、公平、尊严、忠诚、节操、信义等思想，要求习武者必须具备坚韧不拔、勇敢顽强以及尊师重长、克己复礼等品质，而这些品质通过长期习练能够体现在习武者身上。武术人文精神内化为人们的人格、气质、修养，能够帮助人们树立正确的人生观、世界观和价值观。

④观赏娱乐价值　船拳本身有较高的观赏价值，自古以来就有民间出船拳的风俗。金庸大师的武侠小说中，就有嘉兴江南船拳的影踪。它既有精彩的拳术和器械套路，又有民间特技，还有激烈的对练。经韩海华先生对船拳套路的一系列整理、改编、创新，如今船拳极具观赏性的拳术、器械套路、对练、硬气功等已被作为主

江南船拳（特技艺术造型）（韩海华／供图）

《江南武魂》表演（越女剑情景再现）（韩海华／供图）

要元素编入大型武术展演《江南武魂》的表演中，与歌舞融为一体。舞台效果恢宏大气，打斗场面精彩绝伦，艺术表演时而柔美时而遒劲，具有很强的观赏价值。

（7）南湖船拳传承保护与创新发展

在嘉兴市、南湖区两级政府的重视下，市、区两级政府成立了非遗保护中心，落实了"南湖船拳"的保护措施。2009年，"南湖船拳"被列入第三批嘉兴市非物质文化遗产项目名录；2011年，"南湖船拳"被列入第四批浙江省非物质文化遗产项目名录。为了更好地传承和发展南湖船拳，南湖区成立武术协会，建立南湖区武术学校，开展南湖船拳进校园工程，在嘉兴市东栅小学、辅成小学、吉水小学、光明小学、三水湾小学、实验小学、油车港镇实验小学等学校建立南湖船拳传承基地，开展南湖船拳套路教学训练和人才培养。嘉兴市南湖区和嘉兴市社会发展集团将南湖船拳列入文化旅游项目，以文化旅游市场助推南湖船拳保护传承和持续发展。

另外，传承人韩海华成立了江南武魂艺术团，采用历史与现代、传承与创新、体育与艺术相结合的手法，将船拳作为主体元素编入大型《江南武魂》主题表演，形成"江南船拳"、"越女剑魂"、"江南七怪"等一系列展示南湖船拳的精彩篇章。《江南武魂》参与了嘉兴民俗文化艺术节和乡镇社区的公益展演活动，同时，参加了国内外体育文化艺术表演，深受群众欢迎。这不仅丰富了南湖船拳的文化内涵，也

传统武术

嘉兴传统体育、游艺与杂技

满足了人们对体育文化的需求，促进了南湖船拳有效传承和有序发展。

①江南船拳套路展演　以"南湖船拳"轻巧灵活、出招敏捷、收招干脆、以身为轴、原地寻求战机为技术元素，采用排列成船头形状的长凳，巧妙展现了"南湖船拳"的独特技巧。

②越女剑魂故事再现　展示和再现了剑侠"越女"帮助丈夫曹将军的士兵习练"越女剑"，并在"檇李之战"中为越王勾践战胜吴王夫差立下奇功的生动传说，彰显了嘉兴历史人物事迹，弘扬了民族精神。

③"江南七怪"武侠人物再现　在金庸先生的记忆里，嘉兴人的性格如同古运河的水，要么温柔、要么刚烈。在他的著作《射雕英雄传》里，"江南七怪"——柯镇恶、朱聪、韩宝驹、南希仁、张阿生、全金发、韩小莹兄妹七人行走江湖、替天行道，并将"南湖船拳"的侠肝义胆和高强的武功传授给共同的徒儿郭靖。以金庸先生的小说为蓝本，表演塑造和再现了"江南七怪"武侠人物形象，讲述了嘉兴南湖船拳的动人故事，展示了嘉兴人类文明的光辉历史。

"飞天蝙蝠"柯镇恶，被尊为老大。来自东栅铁枪庙的"瞎子"柯镇恶，将一把暗藏南湖菱暗器的"魔杖"舞得风生水起。

"飞天蝙蝠"柯镇恶（韩海华／供图）

"妙手书生"朱聪，排行老二。来自凤桥桃园的朱聪，作穷酸秀才打扮，轻舒衣袂，挥舞"铁扇"专找死穴，"妙手空空"的绝技百无一失。

"马王神"韩宝驹，排行老三。来自余新曹王寺的"宝马骑师"韩宝驹，马术超群，使一蟠龙软鞭，将一把"江南龙鞭"耍得平地起旋风，金龙鞭法擅长专攻下盘。在《射雕英雄传》中，每一次打斗基本都是他所挑起。

"南山樵子"南希仁，排行老四。来

"妙手书生"朱聪（韩海华／供图）　　　　　"马王神"韩宝驹（韩海华／供图）

"南山樵子"南希仁（韩海华／供图）　　　　"笑弥陀"张阿生（韩海华／供图）

"闹市侠隐"全金发（韩海华／供图）　　　　"越女剑"韩小莹（韩海华／供图）

传统武术

嘉兴传统体育、游艺与杂技

自大桥胥山的"樵夫扁担"南希仁，作樵夫打扮，身体壮实，使纯钢扁担。一般很少说话，不过一说就切中要害，在七怪里颇有威信。

"笑弥陀"张阿生，排行老五。来自新丰牛家村的张阿生，是南宋时的屠夫，当

江南武魂艺术团 2011 年赴新西兰访问演出合影（韩海华／供图）

江南武魂艺术团 2010 年参加第五届香港国际武术比赛合影（韩海华／供图）

时就已成为"摔牛高手"，是最高大也是最胖的一个，长得像座铁塔，善使弥陀屠刀。

"闹市侠隐"全金发，排行老六。来自七星湘家荡的"金发铁秤"全金发，身材瘦小，靠一杆大铁秤在江湖上扬名四方。

"越女剑"韩小莹，排行老七。来自南湖边许家村的"小七妹"韩小莹，个性豪爽，长相秀丽，善使越女铜桨。秉承"越女剑"衣钵，颇有侠女之风。

④国内外展演和比赛　近年来江南武魂艺术团参加国内展示和大型赛事，扩大了嘉兴南湖船拳的影响，促进了国际体育文化交流，推动了中华民族传统体育文化繁荣发展。

2. 桐乡方天戟

（1）桐乡方天戟历史演变

方天戟是桐乡大麻光明村一带农村传统的民间表演项目，始于清末，至今已有一百多年的历史。清朝，其地处崇德县边缘，治安比较差，为了强身健体、保卫家园，故大麻乡民习武自卫之风颇盛，此俗延续到后来，成为清明迎会之俗，当地称为吴王庙会，时间在农历二月廿六、廿七、廿八三天。庙会上举行习武大演习，舞方天戟就是其中的一种。过去，吴王庙专门是方天戟练武祭祖用地，在"文化大革

传统武术

嘉兴传统体育、游艺与杂技

命"时期不幸被拆除，但是舞方天戟这项风俗一直都延续着。进入 21 世纪后，每年清明节前后均上街表演，受到广大村民的热烈欢迎。目前，舞方天戟经常应邀参加重大节庆的表演，也常应邀赴附近地区表演。2005 年嘉兴南湖文化节行街表演以及 2010 年嘉兴端午民俗文化节大巡游中，大麻的方天戟给嘉兴市民留下了非常深刻的印象。这些年来，桐乡市文化部门和大麻镇政府也十分重视，将方天戟作为大麻民间艺术品牌予以支持和保护。

现今方天戟表演队的成员均为光明村柏树桥人，现用的方天戟长 3.9 米，重七八十斤，木质，不锈钢皮包封，是 2000 年制作的。表演时主要动作有三个，分别为开四门、盘腰和托双花。

传承人陈松泉（庞振洲／摄影）

柏树桥村人舞方天戟由来已久，现年六十九岁的陈松泉虽早已年过花甲，但仍能舞动方天戟，尽管速度已不比年轻人，但架势、耐力令年轻人望尘莫及。据他说，他父亲陈文荣如果在世，已将近一百岁了，年轻时是村中舞方天戟的佼佼者，远近闻名。他祖父陈金毛也是舞方天戟的高手。

光明村柏树桥的村民都知道，村里有件兵器叫方天戟。据陈松泉介绍，方天戟是从祖辈传下来的，图谱、拳谱等目前已佚失，主要依靠世代口传心授，表演时穿着特制服装。方天戟比试动作的优美度、力度、动作的连贯性以及平衡能力，同时也展现了自己村落的形象和荣誉。舞方天戟这个本领是一代传一代，大伙儿都以此为荣，一到节庆日，就会去看表演，已成为村里一道"民间文艺"

传承人陈国明（庞振洲／摄影）

的风景线。

（2）桐乡方天戟主要传承人

第一代：陈金毛（陈文荣的岳父）。

第二代：陈文荣（原名叫朱文荣，入赘后改姓陈）。

第三代：陈松泉（1941—　　）。

第四代：陈国明（1970—　　）。

（3）桐乡方天戟基本技术

方天戟技术动作主要由开四门、盘腰和托双花三个动作组成。

①开四门　四门即东、南、西、北四个方向。因为传统房屋的建筑都是坐北朝南，开四门的动作一般正对大门面向北面开始，然后依次面向西、南、东其他三个方向。预备动作为双脚开立，右手握住方天戟上端的戟底端，左手与右手距

陈松泉做方天戟开四门技术演示（徐金尧／摄影）　传承人陈松泉做盘腰技术演示（徐金尧／摄影）

传承人陈国明做盘腰技术演示（徐金尧／摄影）　村民做托双花技术演示（徐金尧／摄影）

离稍大于肩宽，握于戟的中部。

动作开始后，双手把戟高举于头顶，戟由下往上，在体侧做一个环绕，同时身体转向西面，戟竖立于地面，开东门动作完成。开西、南、北门的技术动作同上，只是方向不同。

②盘腰　双手握住戟的中间，利用腰的扭转力量，用双臂使戟在腰和胸前旋转，整个动作过程以腰为轴，似盘在腰间，故称作"盘腰"。

③托双花　托双花动作是在盘腰的基础上，利用舞动起来的戟的惯性，手臂瞬间将旋转的戟托过头顶，在头顶上方做水平的旋转动作，此动作难度极大，大麻镇整个光明村现在只有两个人能完成这个动作。

(4)桐乡方天戟器材

方天：可与上天相比之意。戟：古代一种合戈、矛于一体的长柄兵器。方天戟属于戟的一种，其性能和戟相同，是类似铁制枪尖，两侧带有称作"月牙"锋刃的长兵器。其中，把带有两个对称月牙锋刃的叫作方天戟。

方天戟重80市斤，由上、中、下三部分组成，上端和下端（底端为圆锥形或

现代方天戟器材（小的为小孩练习器材）（徐金尧／摄影）

方天戟上端（徐金尧／摄影）

方天戟中段（徐金尧／摄影）　　方天戟下端（徐金尧／摄影）

方棱形）用钢铁或不锈钢材料制作，中段（扶手）用长圆形钢材或木材制作。上下两部分牢牢固定在中间钢铁或木柱上，成为牢固的整体。为了美观或表演比赛中不滑手，有的在方天戟中段镶上各种图案，以显示器材的优美与独特。

（5）桐乡方天戟的比赛与表演

①比赛　以比赛时间长短或附加器材重量或技术动作完成质量来评判成绩。采

方天戟盘腰街头表演（张新根／摄影）

双层长凳上的方天戟表演（张新根／摄影）

传统武术

嘉兴传统体育、游艺与杂技

用个人或团体两种形式排定名次，颁发奖证。

用双手抓、托器材，以左右、上下或水平方向绕身体进行连续旋转，器材重而长，所以对表演者的身体素质要求较高。

比赛由鼓乐队开场，有规定的技术动作标准，由年长者担任评判员。

②表演　桐乡方天戟每年农历二月二十六至二十八日在吴王庙进行集中表演。表演者身着统一服饰，在吴王庙前举行仪式。方天戟表演主要以比赛方式进行，其形式为：比时间长短，在统一器材、统一动作和统一技术标准前提下比表演的时间长短，时间长者为胜，按表演的时间长短排序取名次；另外比器材重量，在标准的器材上绑一铁链或铁块，加的重量大且表演技术又非常标准而优美者为胜；比技术，在统一器材重量、统一技术标准和统一时间的条件下，技术规范、动作优美者为胜。

未来的方天戟传承人（徐金尧／摄影）

其表演可以通过选择高台、长凳等形式来增加表演的难度，使表演更具刺激性和观赏性。目前，桐乡方天戟已成为嘉兴民俗节庆和文化旅游大型活动中的固定表演项目，是嘉兴体育文化表演的一道亮丽风景。

在比赛表演的日子里，男女老少放下一切农活，一齐出动观看表演并为之助威呐喊，以此作为凝聚民心、鼓舞士气、振作精神、扩大全村影响的重要途径。

（6）桐乡方天戟的社会价值与传承保护

①社会价值　方天戟是一项具有民俗特色的传统武术项目，更具有历史文化保护和传承价值。

方天戟通过表演比赛形式和组织村民集体观看的过程，达到弘扬民族精神、振奋村民士气、增强村民集体荣誉感的目的，同时加强了村民交流，形成了良好的村风村貌，促进了村庄的文明和谐与稳定。

方天戟表演比赛丰富了农村体育文化休闲内容，提高了村民的身体健康水平和生活质量，提升了村

小传承人练习方天戟盘腰技术（徐全尧／摄影）

民的幸福指数，促进了新农村的发展。

方天戟的各种表演比赛已形成固定的民俗节日活动，通过这种大型的节庆活动，有利于农村集市贸易的繁荣，促进农村体育文化休闲旅游业的发展，具有良好的经济社会价值。

②传承保护　近年来，桐乡市文化部门和大麻镇政府十分重视方天戟的挖掘和保护工作。首先组织专业人员对项目进行全面挖掘，另外，制定保护措施，筹措专款重建吴王庙，在重视现有表演人员保护的同时，重点做了未来技术人才的培训和传承人的培养工作。

3. 桐乡舞大刀

（1）桐乡舞大刀历史演变

桐乡舞大刀始于清光绪年间，至今已有一百多年的历史。

大刀表演队的人员主要由桐乡大庄村荒田河自然村人组成，现用的大刀有 41 千克重，连刀柄长约 3 米。

传统武术

嘉兴传统体育、游艺与杂技

据现年八十四岁的钟小香老人回忆，钟氏家族一直以舞大刀而闻名乡里。他祖父钟庆元、父亲钟叙发均是舞大刀的好手。他家曾在民国二十三年（1934年）铸造了一把大刀，重45公斤，惜毁于"文化大革命"中。

另据现年八十九岁的钟善庆老人回忆，他年轻时最擅长舞大刀，有一年迎会，他在镇上的南星桥上摆一条方凳，站在凳上舞大刀，动作敏捷，45公斤重的大刀在他手里如同一根扁担，舞动起来虎虎生风，引来众人观看，南星桥两堍被围得水泄不通。他说年轻时自己力气大得惊人，46.5公斤重的石鼓他一只手可以连举三次，村里无人能敌。

2000年，民间文化活动恢复，桐乡市在大麻镇挖掘出方天戟、舞大刀和舞钢叉三种最富代表性的民间武术。为了更好地传承，他们组建了三支表演队。现在，他

们除了每年清明节在蚕花胜会上表演外，还频频受邀去附近县市参加各种节日活动，受到了人们的喜欢和好评。

桐乡舞大刀是一项历史悠久的民间武术表演项目，一般在庙会庆典中表演，颇受民众的喜爱和欢迎。舞大刀是豪迈与威武的展示，是忠烈与壮举的诠释，是雄壮与柔媚的结合，更是武术与艺术的完美交融。其来历、技术和表演形式与舞方天戟相似。

（2）桐乡舞大刀基本技术

桐乡舞大刀的主要技术动作有四个：开四门、盘腰、拖刀和手托双花。开四门和盘腰两个动作与舞方天戟一样。

持大刀预备姿势（张新根／摄影）

①开四门　四门即东、南、西、

大刀盘腰技术演示（张新根／摄影）

北四个方向。因为传统房屋的建筑都是坐北朝南，开四门的动作一般从正对大门面向北面开始，然后依次面向西、南、东其他三个方向。预备动作为双脚开立，右手握住竖立大刀的中部。

动作开始后，双手把大刀高举于头顶，由下往上，在体侧做一个环绕，同时身体转向西面，大刀竖立于地面呈预备持刀姿势，开东门动作完成。开西、南、北门的技术动作同上，只是方向不同。

②盘腰　双手握住大刀的中间，利用腰的扭转力量，用双臂使大刀在腰和胸前旋转，整个动作过程以腰为轴，似盘在腰间，故称作"盘腰"。

③拖刀　表演者手拖大刀奔跑一圈，但刀不着地，大刀虎虎生风，令人顿生寒意。

④托双花　托双花动作是在盘腰的基础上，利用大刀舞动的惯性，手臂瞬间用力把旋转的大刀托过头顶，在头顶上方做水平旋转的动作。此动作难度极大，现在只有少数人能完成这个动作。

（3）桐乡大刀制作标准

桐乡大刀重约六七十斤，长 3 米多，一般两端是铅质，中间为木质。

（4）桐乡舞大刀的比赛与表演

①比赛　以比赛时间长短或附加器材重量或技术动作完成的质量来评判成绩。采用个人或团体两种形式排列名次，颁发奖证。

用双手抓、托器材，以左右、上下或水平方向绕身体进行连续旋转，而且器材

大刀托双花技术演示（张新根／摄影）

重而长，所以对练习和表演者的身体素质要求较高。

比赛由鼓乐队开场，有规定的技术动作标准，由年长者担任评判员。

②表演　桐乡舞大刀每年农历二月二十六至二十八日在吴王庙进行集中表演。表演者身着统一服饰，在吴王庙前举行仪式。其形式为：比时间长短，在统一器材、统一动作和统一技术标准前提下比表演的时间长短，舞大刀时间长者为胜，按表演的时间长短排序取名次；比技术，在统一器材重量、统一技术标准、统一时间的条件下看谁的技术规范、动作优美；比难度，其表演可以选择高台、长凳等形式来增加表演的难度，使表演更具刺激性和观赏性。

在比赛表演的日子里，男女老少放下一切农活，一齐出动观看表演并为之呐喊助威，以此作为凝聚民心、鼓舞士气、振作精神、扩大全村影响的重要途径。

与其他项目相比，舞大刀的表演更加惊险、刺激和精彩。

4. 桐乡舞钢叉

(1)桐乡舞钢叉历史演变

桐乡舞钢叉始于清光绪年间，至今已有一百多年的历史。在桐乡大麻镇的西南村，有一群沈氏族人至今仍在传承着"舞钢叉"的古老技艺。据舞钢叉传承人沈文元、沈兴毛、沈国富回忆，在他们村最早进行"舞钢叉"表演的是高士正、高士春两兄弟，他们都是木匠，很可能是出于对武术的热爱，为强身健体、防身自卫而创

舞钢叉传承人沈文元（王珊／摄影）

舞钢叉传承人沈咬钿（王珊／摄影）

舞钢叉传承人沈兴毛（王珊／摄影）

舞钢叉传承人沈国富（王珊／摄影）

编了这门武艺。当然，这一说法现今已经无从考证。之后，他们又将这门技艺传授给了高锦连，高锦连认真学习了这门技艺，成为当时西南村最厉害的"舞钢叉"高手。后来，高锦连又将这门技艺教授给了他的外甥沈祖根，至此，"舞钢叉"这门技艺开始在沈氏家族中传承。

（2）桐乡舞钢叉传承谱系与传承人

根据传承人口述，整理出桐乡舞钢叉传承谱系和主要传承人。

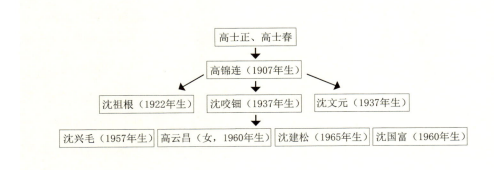

"舞钢叉"于四门演示（陈梦／摄影）

"舞钢叉"盘腰技术演示（陈梦／摄影）

（3）桐乡舞钢叉基本技术

桐乡舞钢叉技术动作主要由开四门、盘腰和托双花三个动作组成。

①开四门　四门即东、南、西、北四个方向。因为传统房屋的建筑都是坐北朝南，开四门的动作一般正对大门面向北面开始，然后依次面向西、南、东其他三个方向。预备动作为双脚开立，右手握住钢叉的中部。

动作开始后，双手把钢叉高举于头顶，由下往上，在体侧做一个环绕，同时身体转向西面，钢叉竖立于地面，开东门动作完成。开西、南、北门的技术动作同上，只是方向不同。

②盘腰　双手握住钢叉的中间，利用腰的扭转力量，用双臂使钢叉在腰和胸前旋转，整个动作过程以腰为轴，似盘在腰间，故称作"盘腰"。

③托双花　托双花动作是在盘腰的基础上，利用钢叉舞动的惯性，手臂瞬间用力把旋转的钢叉托过头顶，在头顶上方做水平旋转动作，此动作难度极大，现在只有少数人

钢叉（陈梦／摄影）

能完成这个动作。

（4）桐乡钢叉器材标准

从前文清晰的传承谱系图，我们不难看出"舞钢叉"这项技艺距今至少已经有一百三十多年的历史了。旧时的钢叉有 37.5 公斤重，但经过多次的表演练习，曾被摔断过。现存于沈家的钢叉有 30 多公斤，长约 3.75 米。

整个钢叉的前半部分都是由铁皮制成，类似于两个佛耳之间夹着一把利剑，剑端镶嵌的五角星，是后来为顺应时代潮流而添加上去的，两个佛耳的上下两端各悬挂着一只摇铃。四只摇铃在表演时发出叮叮当当的响声，甚是吸引人。佛耳的下端串着一个类似于钹的乐器，当地人称之为"卡钹"，这也为表演增添了不少声势。

"舞钢叉"托双花技术演示（陈梦／摄影）

（5）桐乡舞钢叉的比赛与表演

钢叉每年农历二月二十六至二十八日在吴王庙进行集中表演，表演者穿着统一服饰，在吴王庙前举行统一仪式。表演形式主要是开四门和盘腰，表演者将几十公斤的钢叉拿在手上，或举或转。在头上、腰间、肩上来回环转。更厉害的是站在板凳上进行表演，其表演惊险刺激。

具体比赛表演形式为：比时间长短，在统一器材、统一动作和统一技术标准的前提下比表演的时间长短，时间长者为胜，按表演的时间长短排序取名次；另外比器材重量，在标准的器材上绑一铁链或铁块，加的重量大同时表演技术又非常标准而优美者为胜；比技术，在统一器材重量、统一技术标准、统一时间的条件下看谁的技术规范、动作优美。表演可以通过选择高台、长凳等形式来增加表演的难度，使表演更具刺激性和观赏性。最后按名次颁发证书。

在比赛表演的日子里，男女老少放下一切农活，一齐出动观看表演并为之呐喊助威，以此作为凝聚民心、鼓舞士气、振作精神、扩大全村影响的重要途径。

贰

传统竞技

传统竞技

嘉兴传统体育、游艺与杂技

1. 嘉兴掼牛

（1）嘉兴掼牛起源

"嘉兴掼牛"是一项回族传统体育项目，源于一则忠孝传说。据清真寺教长阿訇描述，穆斯林先知易卜拉欣老来无子，每天都生活在郁闷烦恼中，于是有一天他便向真主安拉祈祷："倘若真主赐予我一子半女，我对真主将更加忠诚，年年献祭，即使以自己儿女做出牺牲为代价也决不后悔。"终于，他的妻子给他生了一个儿子——伊斯玛仪。儿子生得乖巧伶俐，深得父母和邻居的喜爱，给易卜拉欣老两口晚年的生活带来了无尽的欢乐。光阴如梭，一转眼，小伊斯玛仪长大了，而易卜拉欣也似乎忘记了当年对真主安拉所发的誓言。有一天，易卜拉欣晚间梦到真主安拉向他索要爱子，他醒后记起了当初的誓言。于是，他便向儿子说明了原委，并带他到麦加城米纳山谷，准备履行当初的诺言，以牺牲儿子来显示对真主的忠诚。伊斯玛仪遵从主命，表示理解其父的举动。正当易卜拉欣举刀时，天使吉卜利勒奉安拉之命，送来一只黑头羝羊以代替其子。从此，易卜拉欣对真主的忠诚和伊斯玛仪对父亲的孝顺便在穆斯林同胞中被传为佳话，由此而产生了"忠孝节"和"宰牲节"，同时也叫"开斋节"、"古尔邦节"。回族信奉真主安拉，每年都要在十二月二十日这一天的日出后日落前宰一定数量的牛、羊等，分送给周围的人，以表达对真主安拉的虔诚信仰。宰的牛，必须是养到两年零一天的。宰的肉，自家可食用四分之一，其余的送给最穷的人。在宰牲节期间，信众将牛、羊等集中在一起，或者集中到清真寺。宰牲时，首先由阿訇手捧《古兰经》主持诵经，完毕后，由几名壮汉将牛掼倒捆住，由阿訇持尖刀开宰并结束开宰仪式。由于阿訇是文弱书生，控制牛、骆驼等大型动物的工作需要多名壮汉来完成。如是，掼牛就成了宰牲节礼仪中的一部分。只是当时的掼牛基本上是众人一起上去捆绑，许多人都是从小习武，力气也是很大的，后来就有人赤手空拳上去摔牛，慢慢地就演变成了今天的掼牛。

经过几百年的发展演变，摔牛已成为嘉兴当地家喻户晓的传统体育活动，2009年被列入浙江省非物质文化遗产名录，2010年被列入第三批国家级非物质文化遗产名录。

（2）嘉兴摔牛历史演变

随着历史的发展，嘉兴摔牛在摔牛方式上也有了很大的改进。由于聚居嘉兴的回民大都喜好武术，会武功的回族青年通常两人或单人就能将牛摔倒并控制住，所以，后来越来越多的青年男子参与摔牛，且大多都是单人与牛相搏，以显示其威猛，摔牛过程变得异常紧张精彩，也博得了更多人的青睐。嘉兴摔牛便由此产生，并成为嘉兴回民展示武功的热门表演项目。它不再仅仅是宰牲节礼仪中的一部分，更成为"强健民族体魄，文明民族精神"的重要形式。

由于历史的原因，嘉兴摔牛的演变发展也在历史的长河中经历了不少波折，在"文化大革命"期间，还曾一度濒临灭绝。许多珍贵的历史资料也都不知去向，对于嘉兴摔牛的记载，现在只散见于本地史料，以及回族、汉族前辈们的口口相传与回忆中。据上海著名武术家、摔牛高手李尊思回忆，在20世纪30到40年代时，能摔牛的人不多，但摔牛曾被当作嘉兴回民的特色项目受邀演出。当时李尊思、李青山（嘉兴当地著名武术家）、韩忠明（韩海华的父亲、师父）等摔牛高手被邀至上海大世界表演摔牛，1953年、1954年在嘉兴"中山厅"也进行过摔牛表演。随着老一辈摔牛高手年龄的增长，嘉兴摔牛的表演也变得越来越少，处境堪忧。

1982年，在内蒙古举行的第二届全国少数民族运动会上，韩海华（浙江省非物质文化遗产传承人）表演了摔牛绝技。与牛相搏半个多小时后，韩海华用一记灵巧

1982年韩海华在全国第二届少数民族运动会上表演嘉兴摔牛绝技

时任国务院副总理万里（前排右一）等国家领导观看了嘉兴摔牛表演

传统竞技

嘉兴传统体育、游艺与杂技

的扛摔把壮牛重重地摔倒在地，深深震撼了现场观众。时任国务院副总理的万里出席了民运会开幕式并观看了掼牛表演，赞誉其"不愧为'中国式斗牛'"。随后，韩海华又带着他的掼牛绝技参加了第三届、第四届全国少数民族运动会。至此，韩海华被誉为"中国式斗牛第一人"，嘉兴掼牛也迎来了一片广阔的天地。国内多家媒体开始报道嘉兴掼牛，引起了全国人民的关注。

《人民画报》和体育历史知识丛书《民族体育集锦》收录了嘉兴掼牛的历史图片资料。《人民日报》、《中国体育报》、《北京日报》、《羊城晚报》、《浙江日报》、《广东

《人民画报》刊登了韩海华在全国第三届少数民族运动会上表演嘉兴掼牛的精彩照片

收录了嘉兴掼牛项目的《民族体育集锦》

《人民日报》关于韩海华掼牛的报道

《体育报》关于嘉兴掼牛的报道

嘉兴掼牛服饰

单肩马褂

灯笼裤

靴裤

皮靴

腰带

帽子

侨报》《嘉兴日报》等国内多家媒体对"嘉兴掼牛"进行了全面报道。韩海华也在多部影视作品中表演了精彩的"掼牛"绝技。《嘉兴市志》也记载了"嘉兴掼牛"的文史资料。

20世纪90年代末，由于韩忠明、韩海华等一批掼牛高手年纪的增长，他们很难再展示其"掼牛"绝技，而又没有出色的接班人，所以近二十几年来，嘉兴掼牛只能被当作一种传奇留存于人们的回忆中。但是，韩海华却始终没有放弃他的掼牛梦。在工作之余，他无时无刻不在思考怎么样才能将这块瑰宝很好地传承下去。为了提高掼牛的表演性和观赏性，他苦心钻研，对传统的"掼牛"表演技艺进行了改进，在"掼牛"之前先表演"硬气功"，使观众的情绪开始跟着斗牛士的表演慢慢升温，然后斗牛士还要用拍打功进行热身，对牛进行挑逗，将牛激怒。在牛与斗牛士的追逐中，斗牛士利用灵巧的步法、强大的爆发力和果断的出击将牛迅速摔倒并控制，这不仅增加了掼牛的难度和惊险程度，而且使得掼牛更具观赏性、刺激性。同时，他还在掼牛过程中运用"斗牛"背景民族音乐，为斗牛士设计了专用的"掼牛"民族服饰，使得"掼牛"深厚的文化底蕴得以淋漓尽致地彰显。

2007年，在嘉兴市各级政府的重视和支持下，年过半百的韩海华终于开始了实现他心愿的第一步，他召回了入室弟子，收了新徒弟，成立了武术协会，开始了武术基础训练，并成立了嘉兴南湖中国式斗牛发展有限公司，继续传承和发扬嘉兴掼牛文化。此后，"嘉兴掼牛"便开始了它的不凡之路：2008年"嘉兴掼牛"被列入嘉兴市非物质文化遗产名录，2009年"嘉兴掼牛"被列入浙江省第三批非物质文化遗产名录，同年韩海华被评为浙江省非物质文化遗产"嘉兴掼牛"传承人。2009年3月，金庸先生在香港家中会见了韩海华，并为"嘉兴掼牛"题词："中国式斗牛"。在2010年新春之际，"嘉兴掼牛"在央视一套《一年又一年》栏目播出。2010年5月30日，央视十套《百科探秘》栏目对"嘉兴掼牛"进行了专题报道。2011年，"嘉兴掼牛"被列入第三批国家级非物质文化遗产名录。

（3）嘉兴掼牛传承脉络

嘉兴掼牛具有完整的传承脉络，省级非物质文化遗产传承人韩海华1954年7月

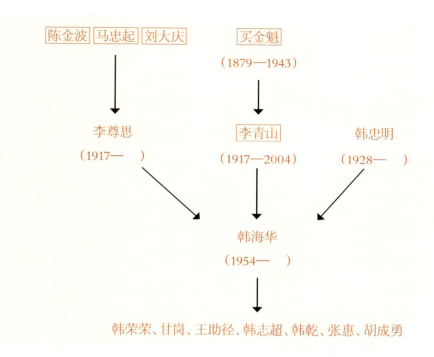

陈金波 马忠起 刘大庆   买金魁

（1879—1943）

李尊思   李青山   韩忠明

（1917— ）   （1917—2004）   （1928— ）

韩海华

（1954— ）

韩荣荣、甘岗、王助径、韩志超、韩乾、张惠、胡成勇

嘉兴掼牛传承脉络体系

出身于浙江嘉兴回族世家，现任嘉兴市政协委员、嘉兴市武术协会副主席、浙江省摔跤柔道协会委员。七岁时随父习武，九岁时拜上海著名回族武术家李尊思为师学习武艺，后又师从大红拳传人王亮臣、大刀李青山，练习心意六合拳、查拳、摔跤、斗牛等各式回族传统武艺。由于从小勤学苦练，二十岁时，韩海华膀粗腰圆、力大无比，在嘉兴回族习武之人中脱颖而出。他不仅勤练"斗牛"绝技，而且在该项目上尝试表演创新。他在传统的表演中，增加了斗牛前先走鸡步、虎步、龙步（总共有十余种动物的形态模仿），斗牛士拍打热身并对牛进行拳打脚踢等环节，将牛激怒，在牛追逐斗牛士的过程中将牛摔倒，这不仅增加了掼牛难度和惊险度，而且使其观赏性更强，同时"斗牛"背景民族音乐的运用、斗牛士民族服饰的设计制作，更使该项目文化底蕴深厚、观赏性强，可与西班牙"斗牛"媲美。

    1981年，韩海华入选浙江省体育代表团，参加了在沈阳举办的全国少数民族传统武术观摩交流大会，得到了第一枚金牌；随后又参加了第五届全运会及第二届、第三届、第四届全国少数民族运动会，屡获金牌。20世纪80年代，他先后创办了嘉兴回族摔跤队、嘉兴市回族武术队、嘉兴市武术队、嘉兴市摔跤队、嘉兴市柔道队，受聘担任了嘉兴武警部队散打、擒拿格斗教官，嘉兴学院学生武术协会总教练，向

传统竞技

嘉兴传统体育、游艺与杂技

"嘉兴掼牛"传承人韩海华

武术爱好者传授武学。1992年起，他担任嘉兴市武术协会副主席；2007年担任南湖区首届武术协会主席，组织指导嘉兴开展群众性传统体育和竞技体育。目前，"中国式斗牛"和"心意六合拳"在嘉兴武林享有极高的知名度。从2003年至今，韩海华率弟子连续参加了香港国际武术大赛、浙江省国际武术大赛等，获得了一百多枚金牌。2005年，作为嘉兴市民间艺术的友好使者，他率嘉兴市人民政府武术代表团出访了韩国。2009年3月4日，在香港九龙湾国际展贸中心举办的第四届香港国际武术比赛暨国际健身气功展示会上，韩海华率领的江南武侠武术团名扬香江，共拿到四十九枚奖牌。比赛结束后，新派武侠小说家金庸先生特别会见了来自家乡的武林人士。在对家乡的武术发展表示肯定和赞赏后，金庸先生告诉代表团，他正在筹划一本图集，准备将韩海华的绝技编到图集中去，并希望这些绝技精益求精，发扬光大。

韩海华精心培养了"擒风手"甘岗、"烟雨隐侠"胡成勇、"震雷斗士"张惠、"闪电客"莫能军四大斗牛士，每一位都跟随他学艺多年，个个身怀绝技，不单武艺精湛，掼牛技术更是令人瞠目结舌。

（4）嘉兴掼牛基本技术与特点

根据斗牛士掼牛时动作的不同，可以将其分为四个基本摔法：单臂摔、双臂摔、顶摔和扛摔。

"擒风手"甘岗

"烟雨隐侠"胡成勇

①单臂摔　斗牛士面对牛，右（左）手托住牛的下颚或抓牢牛鼻绳，左（右）手抓紧牛的同侧犄角或异侧犄角，右（左）手尽力向上推，左（右）手尽力向身体内侧拉，使牛头上仰并且呈扭曲状态。当牛重心不稳时，抓住时机双手合力，顺势

贰

传统竞技

嘉兴传统体育、游艺与杂技

"震雷斗士"张惠

"闪电客"莫能军

上步，利用全身的力量用力下压使牛失去重心摔倒。

②双臂摔　斗牛士面对牛，双手握住牛的双角，用肩顶住牛的下颚使牛头上仰，双手发力方向相反，使牛头呈扭曲状态，双手在拧牛头时还要向身体下方用力下压。当牛重心不稳时，抓住时机，肩和双手用力下压使牛失去重心，腰胯用力将牛摔倒。

"单臂摔"技术

③顶摔　斗牛士面对牛，双手握住牛的双角，用头顶顶住牛的下颚使牛头上仰，双手发力方向相反，使牛头呈扭曲状态，头用力向牛头的前上方顶，双手拧住牛头向下压。当牛重心不稳时，抓住时机，双手向牛失去重心的方向用力下压，双腿用力蹬地，用全身的力量把牛摔倒。

"双臂摔"技术

④扛摔　斗牛士面对牛或背对牛，潜入牛的身体下面，用力扛起牛的前腿，将牛的双侧前腿扛于肩上，最后用力将牛向自己侧面摔出，将牛摔倒。

（5）嘉兴掼牛技术表演与观赏

"顶摔"技术

斗牛士在掼牛表演时，一般都机智灵活，面对触角似剑、暴跳如雷的大公牛，跨步向前，双手紧握两只牛角，全神贯注，用手臂使劲将牛头拧向一侧，大公牛前脚立刻跪下，随即用力压住牛的颈部，通过拧、扛、压等一系列动作把公牛掼倒，

传统竞技

嘉兴传统体育、游艺与杂技

"扛摔"正面技术   "扛摔"背面技术

将公牛摔倒场景

使之四脚朝天。

　　每逢斗牛这天，斗牛场的四周早早挤满了观众，坐的站的，层层叠叠，熙熙攘攘，热闹非凡。这时，只听斗牛场内外，吹吹打打，鞭炮齐鸣，那是斗牛前热场。斗牛勇士们在斗牛之前先走起了鸡步、虎步、龙步（总共有十种动物的形态模仿），这是当年宋朝名将岳飞创立的心意六合拳，是斗牛士们平日里用来锻炼而此刻用来热身的。而在随后的互相拍打时，虽然双方都站得很稳，细看却发现各自的胸前都有着红红的手掌印——双方都使出了真功夫。都说牛力气最大、脾气最偏、最难制服，斗牛士们首先要会武功，有武术内功基础，有摔跤的灵活性，有硬气功的爆发力，牛才可以被快速制服。斗牛开始时吹响牛角，"挑逗士"将一头披红戴花的公牛牵进场地，介绍牛的品种和特点，随后进行挑逗，激起牛的兴奋；斗牛勇士和助手上场，先是两人合演拍打功热身，然后在由四面牛皮鼓播响的《壮行曲》中，助手接过斗牛勇士的斗篷后退场；勇士开始表演斗牛，直到把牛摔倒在地。斗牛勇士这一独特的群体具备勇敢的灵魂，他们将技术和体力、柔美和勇猛完美地结合到了一起。斗牛士被视为英勇无畏的男子汉，备受各族群众的敬仰与崇拜。

（6）嘉兴掼牛的社会价值与政府保护措施

①嘉兴掼牛的社会价值　"嘉兴掼牛"中深深蕴藏着回族的文化基因与精神特质，其历史传承价值与科学认识价值是回族的价值观念、群体意识、心理结构、气质情感等民族文化的本质和核心。除此之外，"嘉兴掼牛"还具有很高的审美艺术价值及潜在的经济价值。

由于各种人为和非人为的原因，我国的文化遗产不断遭到破坏，文化的良好传承也受到相当大的威胁。特别是随着全球化的加速，我国许多传统文化面临消失的危险。尤其是在一些少数民族地区和偏远落后地区，一些民族传统体育文化或民俗活动已经消失或濒临灭绝。"嘉兴掼牛"作为回族传统体育项目中的一种，是从"宰牲节"礼仪中衍生出来的一种体育活动，承载了回族民俗节日文化之精髓，是回族人民诚实、果敢、顽强的民族精神特质的完美体现。

民族融合文化多样性是交流、革新和创作的源泉，对人类来讲就像生物多样性对维持生态平衡那样必不可少。从这个意义上讲，文化多样性是人类的共同遗产，应当从当代人和子孙后代的利益考虑予以承认和肯定。我国是五十六个民族组成的大家庭，每一个民族都有自

掼牛被列入第三批国家级非物质文化遗产名录

贰

传统竞技
嘉兴传统体育、游艺与杂技

金庸先生亲笔题写"中国斗牛馆"馆名手迹

第一届"嘉兴掼牛"学术研讨会领导专家合影

己特有的历史和文化。特别是一些有民族特色的传统赛会和体育项目俨然就是民族名片，保护和传承这些文化遗产，对于提高民族的自豪感和增进民族间的交流和了解都有重要的意义。"嘉兴掼牛"虽然是回族的传统体育项目，但是从其历史演变中可以看出，"嘉兴掼牛"是在嘉兴这一以汉族为主的地域逐渐发展成熟起来的，其中融合了不少优秀的汉族文化与汉族精神特质，是回汉两族人民团结互助、和谐共处的象征。

嘉兴地处中国最具经济活力的长江三角洲都市圈的中心位置，其地理位置优越。紧邻上海的嘉兴在相当程度上共享着上海及其周边城市在金融、市场、科技、人才、信息、物流等多方面的资源优势，直接享有上海及其周边城市地区的产业辐射以及各种发展机遇，从而以雄厚的经济实力、繁荣的商品经济、通畅的商贸物流、较高的城市化水平、富裕的生活群体、良好的社会治安、舒适的居住环境、广阔的朝阳产业发展空间，成为投资兴业的理想区域。嘉兴不仅传承吴越文化之渊源，保留楚文化的余韵，而且深受海派文化乃至西方文明的影响，历代名人辈出，有着丰富的社会人文优势和高素质的劳动力资源。

"嘉兴掼牛"将诸多回族民俗礼仪文化与大量现代艺术表演元素相融合，其角斗之惊险、形式之有趣，让观众大开眼界，大饱眼福，大过猎奇之瘾，蕴含着巨大的体育休闲、文化旅游和社会经济开发价值。嘉兴市南湖区政府非常重视以市场化方式推进嘉兴掼牛项目的传承和发展，使之朝着体育休闲、文化旅游产业化方向发展，达到强身健体、娱乐身心和弘扬精神的目的，满足广大人民群众体育休闲、文化旅游的需要，促进地方经济的快速发展，使"嘉兴掼牛"这一人类文化遗产项目得到生产性保护和永久性传承。

②政府保护措施　嘉兴市南湖区文化主管部门自 2006 年开始，对嘉兴掼牛项目进行了深入全面的调查整理，然后撰写申报材料，申报区、市、省、国家级非物质文化遗产项目。2009 年，嘉兴掼牛成为嘉兴市第一批非物质文化遗产传承基地，2011 年列入第三批国家级非物质文化遗产名录。2012 年，嘉兴举办了首届全国"嘉兴掼牛"学术研讨会，国家体育总局、嘉兴地方政府、嘉兴文化管理部门等行政官员以及全国高等院校的专家教授五十多人参加会议，开展了系统的理论和学术研究，并整理出版学术研究专著。这一系列活动丰富了嘉兴掼牛的历史文化内涵，推动了国家非物质文化遗产项目的保护与传承。

与杭州师范大学合作，联合成立嘉兴掼牛文化创意研发基地。对嘉兴掼牛的历史演变、民族文化价值进行研究，对嘉兴掼牛基本技术、表演艺术、比赛形式的理论与方法进行了探讨，对如何将嘉兴掼牛这一民族体育项目资源转化为体育文化休闲旅游产业资源的途径进行了有效探索，并联合成功申报了国家科技部软科学项目。

在南湖区委、区政府的重视和支持下，成立嘉兴南湖掼牛发展有限公司，政府投入六百多万在凌公塘公园建成下沉式斗牛

"嘉兴掼牛"商标

嘉兴南湖中国式斗牛发展有限公司在乌镇国际旅游区建立"东方斗牛园"的签约仪式

广场，启用金庸先生题写的"中国斗牛馆"馆名，向当地百姓和旅客展示斗牛表演。而后，研究制定了嘉兴掼牛竞赛规则、裁判方法和具体的奖励办法，促进嘉兴掼牛比赛公平、公正和科学化的发展，创造了一项新的运动竞赛项目，为人类的运动竞赛和娱乐休闲作出了重大贡献。

嘉兴市人民政府每年投入经费举办全国掼牛邀请赛，设计了"嘉兴掼牛大赛"商标，主办了嘉兴掼牛大赛、中国掼牛争霸赛。2014年嘉兴南湖中国式斗牛发展有限公司与桐乡市政府合作签约，在乌镇国家5A级旅游景区建立"东方斗牛园"，形成了嘉兴掼牛体育赛事、文化表演和休闲旅游产业链，将其打造成文化休闲旅游品牌，促进了嘉兴经济社会发展，推动了嘉兴掼牛的生产性保护和永久性传承。

2. 嘉兴踏白船

（1）嘉兴踏白船历史由来

古时候，嘉兴河流纵横交叉，船运发达，农家为载物出行，均自备船只。京杭大运河环绕嘉兴城而过，城西南河段水流湍急，岸旁建有唐代三塔、茶禅寺、岳王祠及血印寺等，嘉兴人称其为"三塔塘"。每逢农历三月十六，三塔塘都要举行水上

竞渡活动，称为"三塔踏白船"，即"踏白船"。

据《宋史》记载：自北边至武兴列五军，曰踏白、摧锋、选锋、策锋、游奕。中国民间文艺出版社出版的《东南蚕桑文化》第137页记载：踏白船也有称为"踏拨"、"踏筏"的。考"踏白"原为唐宋骑兵番号名称，据传与宋将岳飞有关。宗泽赞赏岳飞的才能与勇敢，任其为"踏白使"。宋代"踏白"为水军番号，或可见踏白船活动始于宋代或稍后。嘉兴一带的踏白船活动，也许借用了水兵操练的格局，至今沿用了这一名称。其传说为：

其一，踏白船竞渡活动，起源于祭祀蚕神。传说某年嘉兴一带大旱，桑叶枯萎，春蚕无以为饲，农家心急如焚。一女子为此背井离乡，至湖州一带，见桑叶甚好，便连夜疾步回家，唤乡民飞舟买桑叶救蚕。春蚕得救了，而那女子却因劳累过度不幸身亡，后人遂将其尊为蚕花娘娘即蚕神，并于每年农历三月十六以划船竞赛纪念她。是日，村民摇船至运河三塔塘岸，先将带来的猪、鸡、鱼等在茶禅寺蚕花娘娘神位前祭祀，然后进行划船比赛。比赛结束，便在野地里埋锅造饭，饱餐一顿，尽兴而返，接着便准备饲育春蚕。

传统竞技

嘉兴传统体育、游艺与杂技

其二，踏白船源于乾隆年间。皇帝出游江南，路过嘉兴，运河开始变窄，河床较浅。皇帝的龙船很难前行，嘉兴本地官员找来几十名乞丐拉纤绳，又找来几十艘踏白船在前拖着，将龙船送出嘉兴府地南行前往杭州。这一日正好是农历三月十六，自此有了踏白船这一传统。

其三，踏白船是官府的官差（幺差）船。旧时嘉兴载物出行均靠船只。官府公文的传送只有靠船只。而官船太大，要快速送达，唯有小巧灵活的踏白船才能办到。如从嘉兴到杭州一夜即可往返，这就是踏白船的由来。

其四，为了纪念吴越王（钱武肃王）。钱镠吴越王庙，俗称勤王庙，位于徐家埭邬关桥畔。每年农历六月廿一前后，摇快船在庙前的黄姑塘举行，盛况空前。钱镠，字具美，五代时吴越国创建者。后梁开平元年（907 年）农历八月十六封为吴越王。他重视农桑，兴修水利，疏浚河道，有利于灌溉和通航，造福人民，百姓大受其益。鉴于吴越王的爱民功德，百姓世代不忘。为了纪念他，每逢农历六月廿一吴越王生日庙会，举行摇快船比赛助兴，把庙会推向高潮。是日，江、浙、沪成千上万的香客前来进香逛庙会，观看摇快船。

其五，娱神说。说是新丰的施王菩萨很灵验，所以种落黄秧后，农民都要到那里去烧"汰脚香"，预防蛀脚，顺便摇快船取乐。据调查，新丰施王庙前登云桥河面应是最早出现摇快船的地方。据清光绪《嘉兴县志》载，施王庙于"同治四年道士守真重修"。又载，"新丰东乡插秧竣，群来祭祷，舟舣榆柳绿荫下……"足见当时香火之旺盛，烧香船和快船之繁多。施王庙庙前有个荷花池潭，潭边长满大树，潭内水质清凉，说是仙水，在潭里汰脚洗手后能治蛀脚坏手。因此，新丰东乡人每年插秧完工，在庙内烧上高香后，就必到潭内汰脚洗手。烧汰脚香就由此而得名。相传施王老爷是种田出身，为民办了不少好事，据史志载，附近民众"禳田祈蚕，至货殖畜牧疾病医药诸细事，无远近，皆卜神"，有求必应。南宋时"有阴功，故封镇海侯"。民众为了纪念他，给他塑像修庙。据说，他的夫人是平湖东门外人，娘家人对这位姑爷十分器重。每年大忙过后，总要去新丰施王庙烧上一炷清香。古时交通不便，靠船行路，速度较慢，有人设法在船上添橹加桨，船速倍增。这使新丰人仰慕至极，也仿效装制起来，加上金锣咣咣，赶超东乡快船。东乡人不甘示弱，索性将烧香船与摇快船联结起来，成群成批驶往新丰登云桥湖面，互相竞舟，习惯成俗，年年如此。

烧香船与摇快船融为一体，既烧香又摇快船，一则让施王老爷饱受人间香火，二来观看快船，分享人世欢乐，祈求老爷保佑田稻兴旺，身体健康，三是说明插秧完毕，脚从水田上岸，借此逍遥一番，消除疲劳。

踏白船是民间自发组织的活动，一般是在人口较集中的村中由威望较高的年长者担当发起者和组织者。每年农历三月十六日，在京杭运河三塔塘这一段，民间有摇踏白船这一习俗。参与方以南湖嘉北乡为主，东栅、塘汇、嘉北、双桥、王店、新塍也分别来船参加，以乡、村为单位。这一天河北岸人山人海，热闹非凡。

踏白船的船只，即是平日里农家自备的运输渡客木船。嘉兴农船，船体稍长，船底呈弧状，船头及船尾向上微翘，涉水阻力甚小。船长 8 米左右、宽 1.4 米左右，分船头、前舱、中舱、后舱、船尾五部分。船头是撑篙、站人之处；前舱较短，舱内可装货，铺上木板（也叫前舱板）；中舱是船体中部，长而略宽，全部敞开，货物通常装在此舱，人也可坐于此舱；后舱前半部分敞开，也可铺上五块活动木板（即后舱板），人在上面把橹摇船；船尾有一支橹，约长 4.94 米。橹由橹梭（橹柄）、二双（橹杆）、橹板（橹片）三部分组成。

船急摇时左右晃动十分厉害，乡民称之为"活"。农船的"活"，反而成了踏白船快速、惊险的特性。农家摇船无不技艺高超，特别是摇桑叶船更是争分夺秒，有道是"救蚕如救火"。有着一身摇船本事的船夫，在赛船中更是各显身手。

三塔踏白船主要在三塔塘至血印禅寺这一带活动，三塔塘以南为南湖乡，简称塘南，以北为嘉北乡，简称塘北。踏白船分旱踏白、水踏白和女踏白。

旱踏白，也称塘南踏白，以南湖乡为主。全乡有二十一个村（大队），除渔兴村不参加踏白船活动外，其他各村都参加。如新南湖村、东南湖村、南湖村、长桥村、六号桥村等共有二十多条踏白船。西南湖村的踏白船每年摇得最快。因为河道纵横，没有完整的农田，西南湖村基本上家家自备木船，精通摇船技术。他们用的船是江南水乡的一种狭长的小木船，载重量不超过 400 公斤。

水踏白，也称塘北踏白，以嘉北乡为主。所用船只也是中型为主，载重量不超过1500 公斤。与旱踏白不同的是船尾左右两侧不设"出跳"，橹后设有桨，橹前即船头

传统竞技

嘉兴传统体育、游艺与杂技

木板上铺有装满空谷壳的砻糠包。

女踏白，流行于嘉北乡，以花哨、动作惊险著称。女踏白主要来自于南湖乡六号桥三队，该队的妇女比较出挑，敢说敢为。原三队妇女踏白大橹手李龙宝（原名陈素珍，现七十六岁）主要受其父影响，其父原是大橹手。她召集了二十名妇女组成了女子踏白船队伍，她们的水性都很好，比赛时穿着用绵绸做的白色服装。

《申报》光绪二十三年四月九日刊《秀水文波》记："是日，东门外南湖中有迎赛水会者，大家小户咸呼姨挈妹买舟往观，烟雨楼前鹢首如云……古人所绘清明上河图未必有此妍丽。既然经口口（原此空缺两字）东栅口，次第登舟，双桨如飞，捷于燕剪……"另外，《嘉兴风情民俗》《落花残片》等文献都有关于嘉兴三塔踏白船的记载。

清光绪《嘉兴府志》记："（清明）王店市河及荐泾有摇快船之戏。"清《古禾杂识》（项映薇著，王寿、吴受福增补）记："水会则推平湖、嘉善。[寿案]嘉善四月四之（水）会，前明（朝）已然。近王店仿之。至水会则枫泾龙舟最妙。而新塍镇于水面装成园圃泉石亭台……"

《庄一拂诗词曲文遗稿》（嘉兴图书馆印）的《和竹垞老人鸳鸯湖棹歌百首》有："舢板南明习水师，打头不怕雨如丝。老残历尽风波险，却念扁舟弄水儿。"其跋为："清兵南图，太湖各地举义师，藉端阳划龙船以练水师。后来每届恶月，禾地三塔湾呈水嬉，村儿相率踏舢板赛于龙祠。俗称踏白。踏白者，乃五军之一军遗名也。"三塔塘竞渡称踏白船，其名由来据传与宋将岳飞有关。宗泽赞赏岳飞的才能与勇敢，任其为"踏白使"，令其率骑兵五百抵抗进犯汜水关（今河南汜水镇西）的金兵。岳飞用疑兵之计，大败金兵。三塔边的岳王祠供奉岳飞。赛船者以岳飞无畏气概参加竞渡，故此摇船比赛被称为"踏白船"。

《落花残片》（吴藕汀著）记："水上竞渡称为'踏白'，三塔，南湖均有之。""水会来自高桥……经过南湖。每逢子、午、卯、酉之岁清明日举行"。

（2）嘉兴不同地区踏白船活动特征介绍

踏白船成为嘉兴水乡地域特色。其活动主要集中在嘉兴南湖、平湖、桐乡和海宁地区，并有着各自的地域特征，下面分别对四个地区踏白船项目的名称、船体结构和竞技活动特征等内容进行介绍。

①南湖踏白船（三塔踏白船）

自古以来，每年农历三月十六日，南湖区在三塔塘举办踏白船活动，故称"三塔踏白船"，并由官府发令，在京杭大运河三塔塘踏白船区域禁航。是日，四里八乡的农船云集三塔塘。每条船经改装，船艄搭上了木板横"跳"，船尾支上两支琵琶橹，两人一组，同摇一橹。船舱帮口两边竖起了四五排或五六排桨架，人手一桨，合力齐划，奋勇争先。参赛者统一着装。船头插上一面村坊号旗，也有以"金、木、水、火、土"五行，插红、黄、蓝、白、黑的彩旗。昔日的农船成了参赛的踏白船。

南湖区南湖村踏白船所用的牛角号
（曹福泉／收藏，陈珏麒／摄影）

当日，三塔塘两岸看客人山人海。外地游人也专程赶来，一睹为快。只闻一声开赛号令，踏白船如箭齐发，脱弦而去。顿时，河面浪花翻腾，岸边呐喊四起。

踏白船比快名"旱踏"，竞险为"水踏"，女子参赛称"女踏"。水乡人弄船嬉水的兴致之浓、胆识之大，展现得淋漓尽致。

20世纪80年代的踏白船比赛
（严新荣／摄影）

农民赛船，纯为娱乐。踏白船竞渡激烈，优胜者却无奖品，只是获得下一年踏白船开赛发令的荣耀。结乡情，备春耕，是踏白船聚会的内涵所在。因此，热闹的三塔踏白船一直为嘉兴南湖人所喜爱。

踏白船的特点之一就是船艄上向船外两侧水面"出跳"，即各伸出一块跳板，跳板上一般踏立着身强力壮的汉子，双手紧抓住橹绷，与橹手相对一起用力推扳。

南湖现存三塔踏白船的传承人有：原南湖乡西南湖村的曹海观（76岁，头桨

传统竞技

嘉兴传统体育、游艺与杂技

三塔踏白船传承人（左起）：曹海观、曹兴发、曹福泉、曹文荣（陈珏麒／摄影）

手），曹兴发（70岁，头二桨手），曹福泉（67岁，矮橹及出跳手），曹文荣（70岁，头二桨手），赵胜荣（81岁，大橹手及出跳手），姚德荣（75岁，大橹手），赵阿梅（72岁，大绷手），汤生官（79岁，矮橹和关刀手），李龙宝（76岁，大橹手）。

②桐乡踏白船（摇快船）

桐乡踏白船是桐乡特有的一种民间传统体育活动。它是在特定的历史环境、特定的地域中形成与发展的。相传宋室南迁，宋高宗于临安（今杭州）登基之后，为发展蚕桑业，封蚕神马鸣王菩萨为"马鸣大士"，并传旨各地建庙供奉。为此，清河村附近的双庙渚、芝村、南松三地，分别建起贵和庙（今称双庆寺）、芝村庙（后改为龙蚕庙）和富墩庙三座庙宇，并在庙中设殿分别供奉三尊马鸣王（人称姐妹仨）。旧时，每年清明节期间，三庙附近蚕农用农船将马鸣王姐妹仨迎至双庙渚附近的河港上，举行祭拜仪式，祈求蚕神保佑养蚕丰收。

桐乡摇快船是一种劳动手段，是自然形成的民俗现象，是农闲娱乐性活动。桐乡人民以村为单位聚集在一起进行摇快船比赛，看谁摇得好、摇得快。场面非常热闹。摇得最快的人到了对岸以后就可以去庙里拿蚕花（一种用纸做成的花），拿到蚕花者为胜。抢到蚕花预示着在接下来的时间里养蚕会很顺利，会有好的收成。

桐乡摇快船比赛的参与者以洲泉镇、河山镇附近的蚕农为主。比赛时，观赏者人山人海。外地游人也专程赶来，一睹为快。只闻一声开赛号令，快船如箭齐发，脱弦而去。顿时，河面浪花翻腾，岸边呐喊声四起。其气氛热闹、场面壮观，成为村民农闲时青睐的竞技娱乐活动。桐乡摇快船与嘉兴其他区县摇快船的不同之处在于，它不仅有男子比赛，而且有女子比赛。女子们统一穿着传统棉织花布衣，与男人一起参加蚕花祭拜、摇快船比赛或表演，形成桐乡摇快船的活动特色。围观群众众多，热闹、喜庆。摇快船又与当地的庙会相结合，岸上舞狮、舞龙、打莲湘等活动热闹纷呈，为水上摇快船竞赛助兴，成为水乡人民一道亮丽的风景线。摇快船运动竞技增进了各村之间的交流，是一项极具感染力和影响力的体育项目。它体现了地方民俗、民风之淳朴，糅合了娱乐、联谊之功能，传承了劳动技能，并打破了传统世俗观念，男女平等参与，形成男女同台献技的表演比赛特色。摇快船体现了水乡人民奋力拼搏、力争上游的精神，同时增进了周边地区的文体交流和情感融合。

桐乡摇快船主要器具有农用船、船桨、船橹、大鼓、专用服饰、大关刀、海螺号。老式踏白船的主要装备是一条木船、二支木橹、二根绤、六支桨、一面村或庙宇的旗。比赛时，由二人把橹，二人吊绤，二人出跳，一人使大关刀指挥，一人统一踏白船节奏，一人吹海螺号与邻船联系。木船均为手工制作，制作工具为一般木匠用具。

③平湖踏白船（摇快船）

踏白船（摇快船），平湖地方俗称摇艄船，又称摇少船（少者年轻力壮）。上船者均为年轻力壮之夫，少船者，快也。艄船是用两吨半至三吨大小的木质田庄船装制，船头船艄装出跳，船上配置大橹、矮橹、扳桨、揿桨，四人抄橹，六人抄桨，

桐乡女子摇快船比赛（张新根／摄影）

传统竞技

嘉兴传统体育、游艺与杂技

男子摇快船比赛（陆春晓／摄影）

一人敲锣或鼓，动作整齐划一，船快如飞，故称快船。

参加摇快船者要经过训练，比如大橹者需进行踩脚底平鳍技术训练，主要训练提高全体齐用力技巧。徐埭乡每年都会举办各种表演和比赛，比如摇快船专项技术表演、乡村文化节摇快船表演、林埭镇"亿达杯"摇快船比赛、乡镇运动会摇快船比赛、林埭镇摇快船绕村庄比赛等。

另外，在20世纪80至90年代，平湖徐埭乡老百姓创新了一种名为"快桨飞舟摇快船，水上拔河抢荷花"的水上竞技游艺活动，为平湖摇快船注入了新的内容和形式。比赛时，用两吨半至三吨大小的农用木船两艘，形状、人数相同，两船艄用一根百尺长索系住。每条赛船的前方15米处置荷花一朵。比赛开始，两条船各自奋力背道而"驰"，以先抢得本方的荷花为胜。同时，徐埭乡老百姓利用农产品资源创造了一种有趣的追瓜比赛，大大丰富了摇快船活动形式和文化内涵，满足了村民的文化休闲娱乐需求，推动了美丽乡村建设。2007年以来，嘉兴市连续举办了以"踏白船、抢荷花"及江南文化艺术节"赛龙舟"等为主要内容的船文化活动。林埭镇首届运动会将"摇快船"列入比赛项目，为镇运动会增添了一道亮丽的风景线。浙江电视台把这一热闹场景拍摄成《瓜乡游》艺术片。1993年，中央电视台又把摇快船摄制进《地方风情》专题片。

所谓"快船"，就是把一艘能载两吨半至三吨货物的木质农船，加以改装，使之成为能在人们的合力作用下快速行驶的船只。为减少阻力，一般都要求是新落水船或新修落水船。船肚下生有青苔或载过死人的船（不吉利），是不能用的。船下水后，

船橹（陈梦／摄影）

船桨（陈梦／摄影）

比赛用服（陈梦／摄影）

两旁船舷都装护栏木，护栏木由两根伸出船头的细长木头充当。船头前用短横木绑实在护栏木上，称"出跳"或"龙出跳"。船艄也用木架向后伸出，称"挑龙艄"。头舱平鳍板要改为低翻台（低平舱）。大橹由一人把橹，一人扯撮（撮用棕丝结成），位于橹前侧。矮橹也有一人把橹，一人扯撮，橹拧头装

比赛用大鼓（陈梦／摄影）

在"龙艄"上，位于橹后侧。前出跳上绑一支桨，由一身体强健的后生掌握，其人两脚蹬在两只绳箍上，用力时双足立直，泡在水中，称为"头桨"。前舱橹前护栏木上绑三支桨，称为扳桨（也叫撬桨），每桨一人。橹后中舱护栏木上绑两支桨，称为"撤桨"（也叫"淌桨"）。比赛时，全体人员动作需要协调一致，所以每条船上都安排有锣鼓手敲锣打鼓，既统一动作节奏，又能鼓舞士气。过去每个村坊的快船都备有一面颜色各异的三角小旗，插在后面的"龙艄"上，既是一种美化装饰，也是区分船只的标志。比赛中，掌大橹者是全船人员的核心人物。船要转弯了，为统一步调，大橹者"砰"一声踩响脚底平鳍板，全体人员便一齐用力，使船一下往推艄方向旋转（推艄转船是摇快船约定俗成的动作）。此时锣鼓噤声，所有人停止在一个动作上，只见快船整体向橹后一边倾陷下去，执头桨与撤桨者部分肢体没入水中，哗哗一阵白浪过后，船体飞速从旋涡中恢复到平衡状态，锣鼓再次响起，在两岸观众

平湖林埭镇运动会摇快船比赛（贺国强／摄影）

的欢呼声中，开始新一轮的拼搏比赛。摇快船不但要摇得快，还要摇得好看。按照锣鼓的节拍，两边划桨用力一致，动作划一，桨面一向，水花一线，两橹同时向相反方向推出，又同时扳进。扯矮撬者难度较高，要求动作优美，身躯三段曲。据说最高超的掌大橹者与最好的扯大撬者搭档，大橹撬去时，扯大撬者能将手碰到水面。对于摇得快的和技艺高超的快船，岸上观看的人群会给予热烈的掌声和赞扬声。快船转弯时以掌大橹者一跺脚的响声为信号，大橹迅速用力向前推出，抄头桨人站立在出跳上的两根铁链上，将桨垂直，以桨面作导向板，橹后两支桨竖挺，划揿桨者用力揿住桨板，此时，船迅速向左180度转弯，煞是好看。

摇快船的船只，即是平日里农家自备的运输渡客木船。当地农船，船体稍长，船底呈弧状，涉水阻力甚小，但急摇时左右晃动十分厉害，乡民称此为"活"。农船的"活"，反而成就了摇快船快速、惊险的特性。

每年清明节期间，洲泉镇、河山镇附近蚕农用农船将马鸣王姐妹仨迎至双庙渚附近的河港上，进行祭拜，祈求蚕神保佑养蚕丰收。其他各地蚕农纷纷出动摇快船等，进行水上表演，娱神娱人，这样慢慢就形成了蚕花水会这种独特的蚕乡风俗。迎会时，水上数十条船来回表演，岸上成千上万人群围河观看，盛况空前，连附近吴兴、德清等地的蚕农也摇船赶来观看，成了蚕乡的一次狂欢节。到了那天，大家以村为单位聚集在一起进行摇快船比赛，看谁摇得好、摇得快，场面非常热闹。摇得最快的人到了对岸以后就可以去庙里拿蚕花（一种用纸做成的花），以拿到蚕花为胜利。抢到蚕花预示着在接下来的时间里养蚕会很顺利，会有好的收成。

④海宁踏白船（摇快船）

海宁地区每到正月十五时，附近的人们就会驾着小船去黄荡庙祈福，久而久之就形成了"赶庙会"的传统。每到庙会时节，河面上船只密布，大家你争我赶，都希望最先到达黄荡庙，祈求平安，获得头彩。这种活动慢慢演变成"踏白船"（摇快船）比赛。比赛主要分两种：一是划定距离，如300米、500米，以快者为赢；二是"抢荷花"表演，即在湖中用竹竿插上荷花，发令后，先抢到荷花者为胜。

每到举办黄荡庙会时候，海宁各个村落、各个部族就会派遣各自的船只代表他们家族或是村落，前去黄荡庙祈福。开始时船上人数并无限制，愿意参加的都可上船，那时的分工也很明确，一人摇橹，一人拉绷，一人兼指挥与表演，剩下的则是划桨人。他们在赶庙会时着装统一，都穿着代表各自村落的服饰，指挥表演之人的

传统竞技

嘉兴传统体育、游艺与杂技

比赛中，众人摇橹划桨，各尽其力（林莉／摄影）

服饰一般与划桨之人有所区别。另外，船上的指挥多半是各个村庄中有威信或是德高望重的人，代表整个村庄前去祈福。

经过先辈们的长期实践探索，海宁"摇快船"已形成规范性的大众比赛和表演活动，达到较高的表演技术和竞技水平。海宁"摇快船"经常参加嘉兴市民俗体育竞赛和文化表演活动，成为海宁市和谐新农村建设特色活动内容，深受广大村民喜爱，得到有序保护与发展。

海宁"摇快船"与嘉兴其他地区相比，一个显著的特点就是增加了船头表演节目内容。据说，各个船只在争相前进的同时，会有人在船头表演节目，如倒立、翻筋斗等，动作惊险，博得阵阵掌声，当然，这只是正式演出前的热身表演，以活跃气氛。当船只到达黄荡庙后，依次靠在庙前码头，然后代表各自的村落表演准备好的节目，比如，有在船头立起一根毛竹，在上面表演惊险的杂技动作，精彩刺激。表演时，锣鼓喧天，热闹非凡，常常会闹上一整天。黄荡庙是海宁与海盐的交界处，这个热闹的庙会每年都会吸引附近的人们前来参加，现场人山人海，黄荡庙庙会就成为村庄间相互交流、相互展示、扩大影响的一个良好的平台。最先到达黄荡庙的船只，将会由庙内德高望重的住持赐福，预示着得到赐福的那个村庄或氏族在来年就会风调雨顺、平安如意。他们将得到的平安符带回村庄，并供奉在祠堂中，同时，勤加练习，争取来年还能获得赐福。

"摇快船"比赛用的大鼓（陈梦／摄影）

早期参加海宁"摇快船"比赛的船只，都是当地渔民家中平日生产生活所用的木船，并没有统一的标准，随着时代的发展，木船被替换为更结实的水泥船。为方便船头表演项目，所用船的形状主要有尖头圆底和平头平底，船体比其他所用船都要宽大。到了近代，为了更好地开展竞赛，海宁人对竞赛规则、器具和服饰进行了统一，形成规范的海宁摇快船比赛体系。

"摇快船"的船只一经选定，便会请木匠在船头、船尾和船两侧，用厚木板加宽，特别是在船头和船艄处，各往外挑出三尺左右，以便

"摇快船"比赛用服（陈梦／摄影）

于在上面站人或表演各种精彩动作。在2000年以前的比赛中曾规定必须有一女子拉绷，但随着比赛规则的统一，现在已取消了这一规定。

现在"摇快船"的比赛由一人指挥、两人摇橹、两人拉绷和六人划桨，共计十一人组成。船头可放置大鼓，用大鼓的节奏统一行动，振奋士气。另外，还有专门的服装用于比赛。

（3）嘉兴踏白船传承保护

踏白船竞渡历数世纪而不衰。但随着陆上交通的发展，农用木船逐渐消失，踏白船活动受到限制。近年来，在嘉兴市政府及文体部门的倡导和组织下，踏白船作为一种群众性的体育竞技项目得到了继承、创新和发展。自20世纪90年代开始，踏白船被列入"嘉兴端午民俗文化节"活动，成为城乡文化建设的重要载体。同时，

海宁"摇快船"现代船体（陈梦／摄影）

政府还对摇快船项目采取了以下保护措施。

①将摇快船活动保护与传承工作列入政府工作计划，并设立相关扶持保护资金，确保传承措施落到实处。

②保护掌握摇快船技术的老艺人，关心其政治待遇和经济待遇，发挥"传带"作用，努力培养年轻人才。

③进一步开展资料搜集、整理工作，摸清摇快船的起始、发展、分布、特色等基本情况。同时做好相关物品的搜集工作，并将所得资料及物品整理存档。

④建立非物质文化遗产展示馆，展示包括踏白船在内的非物质文化遗产。

⑤定时组织摇快船比赛活动，使摇快船活动得以永久性传承。

⑥加强领导、建立组织、落实人员及制作场地、保证经费、筹建非遗保护中心，使踏白船项目得到永久性传承和保护。

3. 海宁举石鼓

举石鼓是海宁市周王庙镇一项十分古老的民间传统竞技项目，现在很少有人开展这项体育活动，只有一些上了年纪的老人依稀记得儿时"举石鼓"的风光。海宁市周王庙镇的章竟成和章可成两位老人为我们讲述了"举石鼓"的历史。

两位老人均生于20世纪40年代，据他们讲述，曾在小的时候见过"举石鼓"这项运动，听他们父辈说，在民国22年（1933年）海宁举行的县民众业余运动会上，就曾有过这项活动。这项体育活动很早就有，没有人能够记起它到底起源于什么时候。古时的人们都是利用石鼓进行锻炼，以达到强身健体的目的。

石鼓，又称"石锁"、"石担"，顾名思义，这是一个用石头制成的器材。因取材方便，故其形状多样，没有统一的标准加以规范。据老人讲述，石鼓主要有三种形式。

①石鼓：这种最为常见，以圆形为主，中间有孔，类似于磨盘，便于握紧运动。

②石锁：这种是将一块完整的石头打磨成锁状，以其外形而命名。

③石担：这是两片石鼓的组合，用一根粗细匀称、质地坚硬的毛竹或是树枝，将两片石鼓分别通过圆孔串在两端，并将两端牢牢固定，类似现在举重的杠铃。

旧时人们劳作繁重，例如在耕种、舂米、打年糕、划船等活动中，或是在救火消防时都需要较好的体魄和较强的手臂力量，由此，"举石鼓"这种体育锻炼方式，受到人们广泛欢迎。

"举石鼓"的锻炼方式多样，主要有单臂、双臂握举，类似于今天哑铃的锻炼。石锁除可上举外，还可用来做上抛练习。石担可用来做抓举、挺举等练习，类似于举重。另外，还有一种超高难度的花样练习，即在双手的帮助下，沿头颈、腰部、腋下进行环转练习，这种练习方式十分危险，非常人所能进行。石鼓的分量不轻，重的可达二三十公斤，轻的也有五公斤左右，人们需根据自身的情况选择石鼓进行锻炼。若想进行"举石鼓"比赛，主要有三条规则进行评定，即以举起的重量大为胜，以同样重量挺举的次数多为胜，以环转的次数多或动作优美程度高为胜。

"举石鼓"除了为旧时人们进行锻炼所用，同时，也是一种竞技表演活动。那时，

传统竞技
嘉兴传统体育、游艺与杂技

石鼓（陈梦／摄影）

海宁地区每逢年关就会举办一次隆重的集会，称作"年会"。在年会上每个村庄都需要选出代表进行比赛和表演，演出的节目越精彩，越受人欢迎，就说明这个村庄厉害，有地位，有影响力。"举石鼓"曾是王庙村参加年会的表演节目，这种惊险刺激的表演赢得了人们的喜爱，也加强了与其他村庄的沟通联系。

随着时代的发展，这种练习方式危险性高的弊端逐渐显现，能够替代石鼓进行练习的工具也越来越多。因此，这项古老的体育活动被人们所遗弃，消逝在历史的长河中，亟须当地政府与主管部门的重视和保护。

叁

传统竞技表演

I. 桐乡高杆船技

（1）桐乡高杆船技历史演变

高杆船杂技是产生于嘉兴桐乡市洲泉镇的一项民间项目，起源于明清时期，是当地蚕农为祈求蚕桑丰收、生活富裕，而在每年举行一次的水上蚕神祭祀仪式上表演的。随着时间的推移，逐渐形成了"船在河中行，杆在船上立，人在杆上翻"的集健身、耍技和观赏于一体，并具农耕、生产和生活气息的高杆船杂技项目。该项目现已列入第三批国家级非物质文化遗产名录。

浙江省桐乡市洲泉镇地处杭、嘉、湖三府和桐乡、德清、海宁、余杭四县之交界处，河汉密如蛛网，漾荡星罗棋布。长期以来，该镇农民将蚕桑生产作为生存的主要方式，每年一次蚕神祭祀是当地最为重要的民俗活动。高杆船杂技就是在蚕神祭祀仪式上表演的模拟蚕宝宝吐丝做茧动作的水上民间杂技项目。

据地方志及相关民俗资料记载，高杆船杂技起源于明末清初，以清代后期和民国时期为盛。表演时间为每年清明节前后三日的蚕花水会，在清河村双庙渚、南松村富墩桥和含山等附近水面上表演。

20世纪60年代，含山轧蚕花和双庙渚蚕花水会等作为"四旧"停止了活动，高杆船杂技失去了表演的场合，一批表演能手渐渐放弃了训练，年轻人也不再学练，高杆船杂技濒临灭绝。

1998年，含山轧蚕花和双庙渚蚕花水会这两个大型民俗活动恢复，高杆船杂技重新有了表演舞台，从此，高杆船杂技又成为每年含山轧蚕花和双庙渚蚕花水会上最受欢迎的压轴大戏。在桐乡乌镇景区，还特别设置了高杆船杂技项目，每天为来往的游客表演。

高杆船杂技这项融生产生活、运动表演和竞技观赏为一体的民间传统杂技项目将越来越受到政府的重视和民众的欢迎。

高杆船技第四代传承人合影（张新根／摄影）

（2）桐乡高杆船技传承脉络

第一代：车金寿（1899—1955）、车子方（1907—1969）、车阿强（1909—1973）。

第二代：屠明庆（1909—1990）、史子寿（1920—　）、胡华六（1917—1988）。

第三代：史松源（1927—　）、薛春荣（1933—　）、车松林（1931—　）、车顺祖（1930—　）、唐生奎（1932—　）。

第四代：屠掌福、屠雪荣、屠桂松、屠荣翔，20世纪40—50年代生。

第五代：屠松根、屠银浩、屠武兴、李明忠，20世纪60—70年代生。

早在1960年春天，不满十岁的屠桂松看了本村高杆队的精彩表演后，对第三代高杆传人史松年、史金发十分崇拜，一心想学爬高杆。

一天，他看着看着，忍不住跳上船去缠着史松年他们，恳求他们传授爬高杆技术。师傅们被缠烦了，随口说了句："你要学不难，但得有条件。"小桂松一听，开心极了，仰着头天真地问："那要什么条件啊？"师傅们说："只要你爹娘答应，我们就可以教你。"

小桂松便回家吵闹着要父母答应让自己去跟师傅们学爬高杆。不料挨了他父亲一顿训斥："小小年纪就想学爬高杆，还是认认真真读好你的书吧！"无奈之下，小桂松又去哀求母亲，母亲笑着说："你还是再吃十年饭后再去学吧！"小桂松听后急得直嚷嚷："要十年？太久了，我可等不及！"母亲哄他说："那就五年吧！"

"行，五年就五年！"小桂松说。

从此以后，他便利用课余时间和节假日，悄悄地在屋后的竹园里爬竹竿，练起了基本功。

1965 年，屠桂松已经十五岁了，清明节前夕的一个星期天，他吃罢早饭哼着歌儿正要出门去。母亲一见拦住他问："你要去哪里？""我去学爬高杆呀！""谁允许你去的？""妈，你当时不是说五年后可以让我学爬高杆吗？"母亲见儿子这么认真，也就只好点点头同意了。

得到了母亲的同意，屠桂松便迅速跑到杨西浜口的漾潭边，见师傅们正在忙着练爬高杆，先是躲在树丛中偷偷观看。在他们休息的间隙，他来到船上要求师傅们收自己为徒。史松年拍拍他的肩膀说："桂松，你年纪还小，爬高杆这一行很危险的！"屠桂松最讨厌人家说他年纪小："我已经十五岁了，请你们收下我做徒弟吧，我保证跟您好好学！"在一旁的史金发故意大声警告："爬高杆是门难度极高的技术，脱臼伤筋是家常便饭，甚至有生命危险，你难道不怕吗？"屠桂松使劲一拍胸脯说："当然不怕哩！"

"那你敢爬船上这高杆吗？""敢，不信我试给你们看看！"说着，他把外衣一脱，双手一搓，"嗖嗖嗖"飞快地爬上了高杆，然后两腿在杆上一钩，来了个"倒挂金钟"。史金发等人见状，忙说："我答应收你为徒，快下来！"屠桂松一听，熟练地用双腿钩住竹竿滑落下来。

从那天起，屠桂松便专心致志跟师傅学起了爬高杆。

宝剑锋从磨砺出，梅花香自苦寒来。年轻的屠桂松因擅长表演高杆绝活，被周边的老百姓称为"高杆师傅"、"高杆王"。每当蚕花胜会到来时，他便在双庙渚、富墩庙、含山等地频频表演高杆绝活。

然而，正在屠桂松想充分展示练就的高杆技艺时，"文化大革命"开始了。蚕花胜会也被作为"四旧"而停办。从此，高杆船技这一蚕花胜会上的精彩项目也失去了表演的舞台。

直到 1998 年，双庙渚重新恢复蚕花胜会，高杆船表演也再次出现在人们的视线中，人到中年的屠桂松终于又有了表演高杆船技的机会。

2008年清明节，洲泉镇举办第八届双庙渚江南水上蚕花胜会，五十六岁的屠桂松应邀前往参加表演。

为了使表演更为精彩刺激，一过春节，他每天大清早就在自家屋前的两棵大树上，用一根毛竹绑缚着练习高杆表演。后来，又把两艘水泥船固定在一起撑到杨西浜口的大漾潭上继续练。老伴沈玲娣十分担心，在他面前数落起来："快六十岁的人了，还跟小伙子一样练爬高杆。要知道，这是年轻人的玩意儿，你做爷爷了还这么瞎起劲！要是有个什么闪失，看你怎么向儿女交代？"

听了老伴这番话，屠桂松连忙解释："岁数不饶人我知道，自己的身体能不能适应我自己心里更清楚！我每次参赛，你都劝阻，可我何时有过什么闪失啊？"

"求求你了，今年别参加了行吗？"老伴说。

"我也求求你了，让我再去过把瘾好不好？更何况我已答应镇里领导了，答应了人家的事怎么能反悔呢？"屠桂松道。

此时，儿子屠剑平、女儿屠剑琴也都耐心规劝起母亲来："爬高杆是爸爸平生最大的爱好，况且已经答应人家了，说话要算话的。妈妈若硬是不让他参加，爸爸会很不高兴的！"老伴见儿子和女儿都这样说了，也就不再反对了。

2008年的双庙渚蚕花胜会，规模比以往任何一届都要大，场面更壮观，节目更精彩。正在高杆船上表演的屠桂松，精彩动作不断。只见他一会儿来一个"田鸡伸腰"，一会儿又来一个"倒挂锄头"，一个个惊险刺激的动作，令岸上的观众赞叹不已，阵阵掌声不时在观众中响起，把双庙渚蚕花胜会推向高潮。2009年屠桂松被评为浙江省非物质文化遗产传承人。

（3）高杆船技基本技术与特点

高杆船杂技表演带有浓厚的祈神色彩，共有十八个技术动作。表演者代表蚕神，所以必须身穿白色衣衫，因为病蚕常呈红色，所以最忌讳穿红衣红裤。表演者爬上高杆，必须模仿蚕儿爬上桑叶的动作，双手双脚并用，身体伸缩自如，而且速度要快，表示蚕儿健康活泼。表演动作也大多是模仿蚕儿吃桑叶、上蔟吐丝做茧的动作，全套动作有顺撬、反撬、反张飞、硬死撑、扎脚踝、围竹、立绷、躺丝、坐大蒲团、咬大升箩、咬小升箩、掮竹、躺竹、蜘蛛放丝、张飞卖肉、田鸡伸腰、倒扎滚灯。

顺撬、反撬。双手紧握毛竹，身体挂直悬空，自然舒展，做旋转状，相当于现代体操表演的单杠动作。顺撬是向前旋转，反撬是向后旋转。表演者一般是先顺撬转五圈，再反撬转五圈。

反张飞。双手伸过头顶紧握毛竹，双脚勾住毛竹，背靠毛竹，挺胸凸肚，作自然躺卧状。

硬死撑。双手在腹部处握住毛竹，身体坚挺，脸朝下，与毛竹垂直。此动作比较费力，非手力强劲者不能胜任，故名"硬死撑"。

扎脚踝。双脚踝缠绞，扎住毛竹，身体自然倒悬挂直。

围竹。双臂弯曲夹住毛竹，身体挂于毛竹上，并作旋转。

立绷。站在布带中间，双手将布带撑挺，人随布带围高杆船旋转。

躺丝。人横躺在布带中间，身体与河面成水平状，随着布带围高杆船旋转。

坐大蒲团。双手高举，臀部侧横坐于高杆上。

咬大升箩、咬小升箩。身体缠住毛竹，开始时屁股坐于大蒲团上，后身体逐渐向上扭转，随着重心变化，毛竹自然弯曲，表演者先咬住大升箩，再向上扭转爬行，当越过大升箩时，毛竹开始与水面逐渐平行，当再爬行，咬住小升箩时，毛竹梢已开始倒挂。

掮竹。双臂伸直，小臂反勾住毛竹。观众从下望之，似毛竹被表演者掮着一样。

躺竹。全身慢慢横躺于高杆上，双手平伸成十字。

蜘蛛放丝。表演者取出一根白色绸条子，一头缚住竹梢，一头缚住双脚，突然，双手一放，身体掉了下来，长绸条子在脚边舞动，在快要掉入水中的时候，毛竹又向上弹了上去，身体挂在空中，一荡一荡，上下颤动。这是整套表演中最惊险的一个动作，也最吸引观众。

张飞卖肉。右手从胯下穿过反抓高杆，左手举于额前，右脚伸直，左脚屈于胸前。

田鸡伸腰。双手反抓高杆，双脚反勾高杆，身体向下，腰部挺出，貌似田鸡伸腰。

倒扎滚灯。双手抓高杆，腰以高杆为轴，人往后连续翻滚。

反撬（张新根 / 摄影）

反张飞（张新根 / 摄影）

硬死撑（张新根 / 摄影）

叁

传统竞技表演

嘉兴传统体育、游艺与杂技

扎脚踝（张新根／摄影）

围竹（张新根／摄影）

立绷（张新根／摄影）

躺丝（张新根／摄影）

坐大蒲团（张新根／摄影）

咬小升箩（咬大升箩动作相反）（张新根／摄影）

叁

传统竞技表演
嘉兴传统体育、游艺与杂技

掮竹（张新根／摄影）

躺竹（张新根／摄影）

蜘蛛放丝（张新根／摄影）

张飞卖肉（张新根／摄影）

田鸡伸腰（张新根／摄影）

倒扎滚灯（张新根／摄影）

高杆船技的表演动作多数是模仿蚕的形象和动作，如坐大蒲团、咬大升箩、咬小升箩是模仿蚕儿爬上小桑枝嚼叶，反张飞是模仿蚕儿吃饱后休息，扎脚背、扎后脚、扎脚踝、扎脚尖是模仿蚕儿成熟时扭动着爬上柴垛子准备做茧，蜘蛛放丝则是模仿蚕儿吐丝时不慎从柴垛上掉下来的动作。其他的一些动作是为了增添观赏性而设置的，如顺撬、反撬、围竹、捐竹等。整套动作固定而且连贯，富有惊险性，难度较高，讲究技巧，要求灵活，应变能力强，又因为是在水上表演，增加了观赏性，所以是一项集祈神、健身、观赏于一体的民间杂技。高杆船技具有以下鲜明特点：

①船在河中行、杆在船上立、人在杆上翻是高杆船杂技的最大特色。

②具有一整套固定而且连贯的表演动作，观赏性强。

③富有惊险性，难度较高，讲究技巧，要求表演者健壮、灵活、应变能力强。

④高杆船杂技主要在一年一度的含山轧蚕花和双庙渚蚕花水会上表演，是这两个大型民俗活动的重要组成部分，民俗特色鲜明。

⑤历史较长，传承有序，从未中断过。

（4）高杆船技表演与观赏价值

嘉兴桐乡市洲泉镇高杆船杂技是一项具有水乡农耕特色的表演项目，表演时将村庄农用船集中于水域开阔处，将几艘农用船捆绑在一起形成一平台，然后用毛竹、绳索等工具搭建高杆船杂技表演台，进行各种精彩表演，深受当地村民和游客们欢迎，成为凝聚民心、振奋精神的有效载体，形成乡村文化休闲旅游的一道亮丽风景。

（5）高杆船技的社会价值

①历史价值：高杆船杂技以模拟蚕宝宝上蔟、吐丝、做茧的过程为基本动作，在蚕花水会上进行表演，蚕农以身体动作为语言，表达了祈求田蚕茂盛的美好愿望，具有典型的农耕文化印迹。

②社会价值：通过一起参演节目，可以培养团结合作精神，具有社群整合的社会价值。

③文化价值：作为一个地域的民间活动，它充分展现民间杂技特色，对传承民间文化有很大价值。

④娱乐价值：高杆船杂技中所表演的各种节目，集强身、耍技、观赏于一体，娱乐性很强，可以愉悦身心。

（6）高杆船技政府保护措施

①把高杆船杂技在内的非物质文化遗产保护纳入相关工作规划之中。通过深入细致的普查，走访了高杆船杂技的传承人、知情人，全面摸清桐乡市高杆船杂技基本情况，同时做好相关资料的搜集、整理工作。

②在桐乡乌镇景区，特别设置了高杆船杂技项目，每天为来往的游人进行表演，一定程度上保证了高杆船杂技的传承。

③已连续七届举办双庙渚蚕花胜会，在会上进行高杆船杂技表演，使高杆船杂技得以保护和传承。

④建立桐乡市非物质文化遗产展示馆，对高杆船杂技资料进行全面整理和分类保存，扩大宣传力度。

⑤2011年，高杆船杂技被列入国家级非物质文化遗产名录。

⑥屠贵松、屠荣翔已被列为省、市级非物质文化遗产传承人。

2. 桐乡大纛旗

（1）大纛旗历史演变

　　大纛旗是桐乡大麻镇湘漾村的传统民间项目，始于清光绪年间，至今已有一百多年的历史。大纛旗表演这一风俗兴盛于民国时期。现存于大麻西程家谷自然村的一面大纛旗上有"上清宫　大漾里众助　泰山青府紫皇上帝　民国廿二年公贺"等字样。

　　由此可知，此旗绣制于八十多年前，当时盛行此风俗。新中国成立后，最盛大的一次表演活动是庆祝人民公社建立那一年。后在三年严重困难时期停办，20 世纪 60 年代中期因"文化大革命"来临，大纛旗被认为是封建迷信遭取缔。直至 90 年代末，民族民间文艺活动重新得到重视，大纛旗开始恢复表演。2002 年后，每年清明节前后均上街表演，受到广大村民的热烈欢迎。目前，大麻镇有两个村建有大纛旗表演队，每逢重大节庆时节经常参加表演，也经常应邀赴附近地区表演。2005 年嘉兴南湖文化节行街表演，以及 2010 年嘉兴端午民俗文化节表演大巡游中，大麻的大纛旗给嘉兴市民留下了非常深刻的印象。这些年来，桐乡市文化部门和大麻镇政府也十分重视，将大纛旗作为大麻民间艺术品牌予以支持和保护。

　　大纛旗表演一般是在每年清明期间的蚕花胜会上。大纛旗表演是古时村民为祈求田蚕茂盛、国泰民安而产生。迎会后被称为"吴王庙会"，庙会上举行习武大演习。据介绍，以前庙会出场的第一个节目就是举大纛旗，传说大旗一到就会风调雨顺。大纛旗是迎会的开路先锋，后面是当地庙宇的五猖使菩萨。传说，五猖使菩萨能将一路孤魂野鬼捉干净，所以，大纛旗所到之处，能保一方平安。这项民间风俗活动表达了当地老百姓的美好愿望。表演时由锣鼓队鸣锣开场，然后由举旗手进行大纛旗举旗表演，场面非常壮观。

　　现在，大纛旗表演已成为嘉兴民俗文化节踩街巡游的重要活动内容，丰富了嘉兴民众的文化娱乐生活，促进了城市文明和谐发展。

原始大纛旗（徐金尧／摄影）

传统竞技表演
嘉兴传统体育、游艺与杂技

锣鼓队开场仪式（李群力／摄影）

大麻镇湘漾村举行古老大纛旗"迎会"场景（张剑秋／
摄影）

　　大纛旗高 12 米左右，旗面宽 70 厘米，大旗耸立在空中，迎风飘舞，不时发出阵阵铜铃声。狭长的旗帜，挂在一株高大的毛竹上，由于旗高易吃风，表演时必须在旗顶上拉四根绳索，由四名男子分别站在四边拉紧，以防止被风吹倒。同时，根据表演时旗杆的晃动情况不停调整手中绳索，以便使旗杆始终保持垂直状态。毛竹、旗帜、绳索加上四个人的牵引力，大纛旗重量达到 40 千克左右。"迎会"时，由几个身强力壮的青壮年轮流独臂举大纛旗，以连续举起的次数多者为胜。大麻镇湘漾村有一支举旗表演队，他们保存着最古老的大纛旗。

（2）大纛旗传承脉络

　　湘漾村的村民都知道，村里有个宝贝，就是一面民国廿二年（1933 年）绣制的大纛旗，尽管年代久远，高 12 米左右的大纛旗那威风凛凛的气势却从未改变。这面大纛旗是一位

2010 中国·嘉兴端午民俗文化节桐乡大纛旗表演（李群力／摄影）

名叫沈坤寿的老人保存的，据他介绍，此旗是从祖辈传下来的，当时请了余杭有名的裁缝洪浩师傅用绒布手工缝制而成，上面写有"上清宫泰山青府紫皇上帝"的字样。程连松告诉记者，古时的大纛旗是打仗时所属将领的标志。村里有许多中青年

传统竞技表演

嘉兴传统体育、游艺与杂技

"大力士"会举大纛旗，这个本领是一代传一代，大伙儿都以此为荣，一到节庆日，就会进行表演，已成为村里的习俗。

沈坤寿，男，桐乡市大麻镇湘漾村人，七十多岁。2009 年 9 月 23 日，浙江省文化厅下发文件，将沈坤寿列为第三批省级非物质文化遗产项目代表性传承人。

（3）大纛旗举旗程序

大纛旗高 12 米，旗宽 0.75 米，重约 40 千克。大纛旗是一面狭长的旗帜，挂在一株高大的

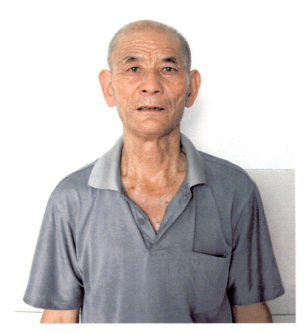

浙江省非物质文化遗产"大纛旗"项目代表性传承人沈坤寿

毛竹上，中间用一些铁环把旗面固定在毛竹上。要把这面巨大的旗帜竖起来绝非一人能完成，每次竖旗都需要十多人的通力合作。众人站在平放的大纛旗两侧，竖旗首先是从四个角的方向用长绳把旗杆拉平，并通过拉长绳牵引将旗杆平稳竖起，然后单人用双手托往旗杆的下方至胸前，同时双脚用力蹬地，使用全身力气双臂将旗杆托举到右肩前，然后用单臂把旗杆挺起举过头顶，使巨大的旗帜在高空中迎风飘展。大纛旗不仅是一项民族民间体育活动，而且是一项传统的竞技体育项目。举大纛旗一般需要举旗者身体强壮，力气巨大，爆发力极强。在比赛中，一般由几个身强力壮的青壮年轮流单臂举起，以连续举起的次数多为胜。

（4）大纛旗技术表演与观赏

人们在实践活动中，创设了多种大纛旗举旗动作，其举旗技术动作可分单人单臂原地举或行进中举，单人肩上原地举或行进中举，同时可进行多人原地举或行进中举。另外，可举办村庄间场地多人举定点表演比赛等。一年一度的桐乡大麻镇大

竖旗预备仪式（徐金尧／摄影）

众人竖旗（徐金尧／摄影）

胸前双手托旗杆（徐金尧／摄影）

肩侧托旗杆（徐金尧／摄影）

单臂将旗举起（徐金尧／摄影）

传统竞技表演

嘉兴传统体育、游艺与杂技

单人肩上举表演（张剑秋／摄影）

群众参与大蠡旗迎会活动欢腾场景（张剑秋／摄影）

单人单臂举行进中表演（张剑秋／摄影）

单人单臂原地举表演（张剑秋／摄影）

多人举行进中表演（张剑秋／摄影）

村庄之间多人举定点表演（张剑秋／摄影）

纛旗迎会活动或文化艺术踩街活动，全村甚至全城的男女老少都会参与观赏，所到之处，热闹非凡，给人们带来愉悦快乐，给村庄和城市增添活力。

3. 桐乡抛小钢叉

抛小钢叉是桐乡大麻镇的一项民间耍技活动，一般在历代的庙会中表演，颇受民众的喜爱和欢迎。据老人们回忆，这种活动在清代已很盛行，但新中国成立后已不多见。

表演者邱力行说，在传统的庙会上，迎会时，扮演小鬼的武士，能把钢叉在两臂上不断滚转，抛高后回到原处还能继续滚动。扮演武士，一人手执盾牌短刀，另一人双手拿长枪。两人刀来枪抵，枪来盾挡，对打来回表演，十分精彩。

抛小钢叉表演者两手各拿一根棒，把钢叉作为耍物，两手的棒把叉抛、拉、扯、翻腾、滚等，表现花式多样奇妙，引得行人观看。

抛钢叉，不单单是引得行人观看的"耍戏"，更是一种可以运动全身的花式锻炼方法。两手握棒抛、拉、翻、滚钢叉的过程，是手、眼的配合过程，好比是打乒乓球一样，需要灵活的运动和机智的大脑。在抛钢叉运动中，人的身、心、脑得到锻炼从而有益于身体健康。然而与打球等运动比较，抛钢叉运动量不大，而且还可以根据锻炼的熟练程度，自己把握运动量。

学钢叉先从小木棒开始练，待熟练后再试用钢叉，以防不慎伤身。它的原理与人们平时练的"抖空竹"原理有些相似，但难度更大。钢叉的动作花式主要有"空中捞月"、"白鹤亮翅"和"海底捞针"。

抛钢叉历史上作为"游艺"传承，往往在庙会上比较多见。那时，抛钢叉表演是游艺人增添收入的一种手段，人们看后，可以随意给些赏钱，庙会上人多，收入也多一些。它的传承主要靠师徒相传。

邱力行小钢叉杂耍演示（陈梦／摄影）

4. 南湖流星锤

　　流星锤，是十八般兵器之一，又名飞锤或走线锤（也名流星锤、飞锤），其起源可以追溯到远古时代。那时，人类用藤索系上石球制成"飞石索"，在狩猎时抛出，以便缠住大兽的四肢。流星锤是一种将金属锤头系于长绳一端或两端制成的软兵器，亦属索系暗器类。仅系一锤者，称"单流星"。绳长约 5 米，末端套于手，另一端系一鸭蛋大小的铜锤，锤形如瓜，是用于击打有一定距离的对手（人或兽）的暗藏武器，属软兵器类。全国武术功力比赛使用的就是单流星。

　　系两个锤者，绳长 1.5 米，称"双流星"。其锤有瓜形、多棱形、浑圆形等，大小如鸭卵。锤身末端有象鼻眼，用于串连环。现代武术运动中演练双流星，主要握

双流星器材（康吕赐／摄影）

杜金水在演练双流星立舞花技法（康吕赐／摄影）

持绳索中段，进行立舞花、提撩花、单手花、胸背花、缠腰绕脖、抛接等花法练习，其花法同棍花和大刀花。随着时代发展，为了使流星锤更具表演观赏性，群众创造了火流星器材和表演形式。

流星锤是少林武术中软器械的一种，它携带方便，便于隐藏，击出时快速有力，攻其不备，适合在大规模的混战中使用。它很快就从常规兵器中脱离出来，作为一种行刺、防身的暗器走上了所谓"密传"的途径。它颇得习武者的偏爱，但它也是软兵器中最难练的一种兵器。它不像短兵器或长兵器那样练起来方便自如，它主要是由练习者通过长时间刻苦努力的训练，把流星锤运用起来，像棍、枪一样形成直线，又像大铁锤一样有威力。整套动作由舞花来过渡、连接，讲究缠、绕、点等动作。传统武术中的流星锤和其他武术器械一样，攻防的目标都是对手，是战斗的武器，其攻防的意义在现代生活中是无法体现的。现有的流星锤基本上都是用金属制成，这种金属流星锤在练习和竞赛中容易对自己和周围的人造成伤害，使用中需要注意安全。

5. 平湖演水龙

（1）平湖演水龙的由来

"演水龙"是流传于平湖新仓地区的一种类似消防演习的民俗体育活动。早在辛亥革命之前，"水龙"就在平湖的新仓、全塘等地存在了。现在"水龙"已经不复存在了，"演水龙"已成为历史。经过多番的走访调查，我们终于在新仓镇找到了一位名叫丁阿进的老师傅，他 1917 年生，十五岁加入"洋龙队"，曾担任新仓洋龙队一班班长，一直到他五十岁时才退出洋龙队，他是平湖演水龙现存唯一的历史见证人。

据丁阿进老人陈述，在军阀混战时期，因为战乱，上海一座泸沽桥（音译）发生火灾，大火连续烧了七天七夜，后来引进了一套灭火装置才得以平息。平湖濒临上海，水路交通发达，与上海的水上贸易频繁，因此，很有可能就有在外经商的平湖人将这套灭火装置带回了新仓，然后根据传统的风俗习惯，将它创新改制成了具有中华民族特色的"水龙"，用于消防救火。因其原从国外引进而来，人们习惯将利用"水龙"进行灭火的队伍称为"洋龙队"。

（2）平湖演水龙的构造

从外观上来看，水龙与我国传统的用于庆典的舞龙没有什么区别，它全长 9 米多，共有九节，每节上都有木棍作为支撑，主要由竹子制作骨架，外面用白色的布覆盖住，在上面绘制黑色的龙纹。灭火时远远看去，就像

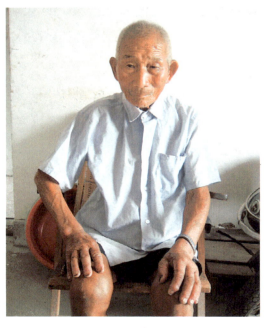

演水龙传承人丁阿进（陈梦／摄影）

新仓"龙王间"旧址（陈梦／摄影）

是一条黑白相间、英姿飒爽的龙在红海中翻滚遨游，施云布雨。水龙真正独特的地方在于龙身中有一条橡皮管，从龙尾通至龙头，灭火时所用的水都是从龙口中喷出。

（3）演水龙洋龙队的组建

1937年卢沟桥事变后，日军大举侵华，农历十月初三这天，日军从金山卫的金山嘴上滩，沿途实行"三光政策"，烧杀抢掠，将新仓镇上的大部分房屋、店铺烧毁。迫于生计，人们后来重建的房子大部分是草房，火灾频发。所以新仓镇于1943年秋就由民间自发组织成立了洋龙队（即后来的消防队）。据说，洋龙队的组建最先是由一名赵姓的米行商人发起的，继承了中华传统的消防技法。

参加洋龙队的队员要求是当地适龄青年，身强力壮，服从指挥，纪律性强，他们中有一条不成文的规定，即只要发生火灾，无论在干什么，哪怕是再紧急的事情，也必须要穿好服装，拿好装备，第一时间赶到火灾现场。他们都是自愿、义务参加洋龙队，没有任何薪资，完全是凭借着一股热情、一种责任来参与到这项事业中。当然，采购、维护这些设施是需要资金的，这在当时主要由新仓镇上的何文泰、同康两家酱园的老板捐助。设备是从苏州采购的，由大利班（平湖开往上海的轮船）的老板冯禄贤负责保管。

洋龙队的队员都有统一的着装，包括橘红色衬衫样式的上衣和裤子、黑色的雨靴，类似于现代安全帽的头盔，红白相间，上衣胸前缝制着一块长方形的红色徽章，上面写着黑色的"救火联防队"字样。

（4）洋龙队的灭火装备

洋龙队的整个装备设施包括一条水龙、压力器（靠人力施压）、能盛十六担水的大木桶、挑水用的担桶、橡皮管、人力揿的报警器、救火叫子等。平时没有火灾的时候，洋龙队的队员们会将桶、扁担、衣服等各自分配好带回家，水龙则会按照螺旋的方式一圈一圈围绕龙头堆叠起来，并由洋龙队员抬送放置在"龙王间"里。所谓"龙王间"，其实就是放置水龙的一间屋子，现在新仓的朱家弄和轮船码头还存在着"龙王间"的遗址，只是年代久远，早已被居民改造得面目全非。

（5）洋龙队的实战灭火程序

当有火灾发生时，值班人员就会用手摇报警器报警，但由于发出的报警声不太响，不方便集合队员，所以每个洋龙队队员都会分到一个救火哨子，类似于三音哨。当有人听到报警号声就会向洋龙队员跑去，洋龙队员就会边跑边吹救火哨子，因为当时新仓镇规模比现在要小得多，所以用不了十分钟洋龙队员就会全体出动、到位。救火哨子也有其独特的含义，它叫声的次数代表着不同的意思：

吹一下——表示火灾发生在新仓的东面；

连续吹两下——表示火灾发生在新仓的中心；

连续吹三下——表示火灾发生在新仓的西面。

若火灾发生在新仓的南面和北面，则是通过语言呼喊来互相通知方向。

救火队员根据不同的指令，迅速地带好装备抵达火灾现场进行灭火。他们有着明确的分工，有人将龙尾浸没在大水桶里，有人放置好压力器，举龙的、揿压力器的、挑水的，各司其职，轮流换岗。当时新仓镇东安、芦川、西安居民会各有一台"揿龙"（即水龙），另外一台为机动，共四台。洋龙队分三组，每组二十四人，共七十多人。在新中国成立前夕（1948或1949年），两位老板又出资从苏州购置了比之前先进一点的揿龙设备，即不用人工挑水倒在大木桶里，而把揿龙直接放到河边，将粗橡皮管直接通到河里吸水，但还是以人工摁为动力。1956年春开始，改用柴油机为动力。1994年新仓镇上建了自来水厂后，消防用水通过消防栓便可直接获得。洋龙队逐渐成为历史，被人们遗忘。

（6）平湖演水龙表演来历

平湖新仓镇自古就有五月廿日、九月初九是"兴致日"的习俗。据说，五月廿日又称"分龙日"，这一天是龙的生日，必下大雨。在6—7月间，气温渐高，此时"演水龙"进行消防演习，可以磨炼消防者的耐力、毅力和意志力，日久成习，没有事故也可作技能表演。约定俗成，到了这一天，必定会进行消防演习。也有历代相传农历五月是"恶月"，是事故多发、多灾的月份，演水龙是为了振洋龙的神威，灭火神的威风。演水龙这一天，新仓及周边乡镇，上海市金山县的吕巷、廊下、钱圩、张堰等地的人也会赶到新仓"轧兴致"。小商小贩、耍猴的、窥西洋镜的、跑江湖卖药膏的、套"泥佛头"的，云集新仓，热闹非凡。黄洋瓜是新仓地区的一种土特产，很多人在这一天会趁着去新仓看"演水龙"的机会买回家来让家里人尝尝鲜，这逐渐也演变成了一种风俗习惯，可惜没有相关的文字史料加以佐证，只是通过镇上老人们的描述得知。1943年成立洋龙队初，每年就有不少于两次的不定期演习，从1946年起就将每年农历五月廿日、九月初九定为演水龙日。五月二十、九月重阳演水龙的风俗自1943年起一直持续到1995年上半年，有半个多世纪之久。

（7）平湖演水龙的表演过程

演水龙表演的地点，一般选在镇上不偏远而又比较空旷的地方，现在的新仓小学西校区就是曾经水龙表演的常用地点。队员们会在表演的前夜就准备好十一个一两米高的草棚，放置在演习的地方。到了农历五月二十或九月初九上午，一般会在九时许开始，三支洋龙队像接到火警一样，抬着洋龙、扛着水管、挑着水桶，吹响救火叫子，跑步到指定地点，安装好洋龙、接好水管，等待发令。其态势就像正式救火一样。

当一切准备好之后，会有一个人依次点燃草棚，并有一些人假装成伤者待在草棚附近，在火燃起之后，迅速地被洋龙队员救出。三个洋龙队依次出场救火，直到十一个草棚的火被完全熄灭。号令一发，三个洋龙队即刻开始"演水龙"。他们中由四个人轮换控制龙头方向，因为一旦有水流通过，龙头会非常重，这时就需要不停地轮换。龙身其余八节下各有一个人举起，有八个人轮换摁龙抽水，即摁压压力器，使水从龙尾进入龙头。另有八个人负责挑水，供应水源。三个洋龙队的班长是各自队伍的指挥，还有一个人是全场总指挥。判断哪个队优胜也有些规则：第一，哪队水射得高；第二，哪队水射得远；第三，哪队听从指挥反应快。但从不设奖励。表演中间还穿插一些"取闹"的小动作，例如冷不防把水龙头向观众甩一下，这时人群爆发出的欢笑声、加油声响彻天空，场面壮观。"演水龙"一般会在十一时左右结束。

如今，"水龙"这种古老的器械早已被现代化的消防设施所取代，退出了时代的舞台，"演水龙"这种具有演习性、娱乐性、团队性的项目也随之消逝。除了一个锈迹斑斑的"救火叫子"，演水龙这种集体性的体育项目没有再留下任何东西，濒临灭绝。然而，令人深感庆幸的是，通过丁阿进老人对演水龙的回忆，我们将其较为详细地记录下来，还原历史，让它成为平湖人民聪明才智的重要见证，成为平湖一个独特的体育文化项目。

肆

传统体育游艺

I. 当湖十局

在中华围棋五千年历史长河中，涌现出了许许多多国手棋圣，他们如一座又一座巅峰让人无法超越。这其中就有清朝中叶的范西屏、施襄夏，号称"围棋界的李白和杜甫"，堪称我国古代围棋最高水平的代表人物。

清代围棋无比繁荣，产生过许多高手。而范西屏、施襄夏都是棋艺方面难得一现的天才。所谓"落子乃有仙气，此中无复尘机，是殆天授之能，迥非凡手可及"。

范西屏，名世勋，海宁郭店人。他生于康熙四十八年（1709年），卒年不详，被棋坛推崇为"棋圣"。他弈棋出神入化，落子敏捷，灵活多变。有人评论称："布局投子，初似草草，绝不经意，及一着落枰中，瓦砾虫沙尽变为风云雷电，而全局遂获大胜。"施襄夏，名绍暗，又名定庵，生于康熙四十九年（1710年），卒于乾隆三十五年（1770年）。施襄夏也是浙江海宁人，与范西屏是同乡，比范年少一岁。施襄夏自幼与范西屏同学围棋，年长后与范并世称雄，所向无敌，同为棋界宗师。

乾隆四年（1739年），平湖县世家张永年延聘范、施到家教棋。同年范、施应主人的请求，进行十局对抗比赛，这就是"当湖十局"的由来。据后人研究，当湖十局实际上共弈十三局。

西屏与襄夏从学俞长侯时，时常角技争先，但彼时尚未达到国手阶段，未曾留谱。二人成名后时散时聚，年轻时曾在北京对弈十局，可惜世无遗谱。杭世骏《海城杂句》云："疏帘清簟镇相持，燕寝同看落子迟。记得仙郎夸管领，花封兼豁两棋师。"诗人自注云："范、施两生弈品皆海内第一手，林凤溪宰邑时，尝邀至官阁决胜云。"

据《海宁州志》记载，林凤溪任海宁县令始于雍正十一年（1733年）三月，乾隆元年（1736年）四月交卸。可知范、施在这三年中也曾角逐过一次，但也未留下谱局可资研讨。晚年二人同在扬州作客多年，未见有人撮合对局之举。因此，"当湖十局"便成为两位大师平生留下的唯一对局记录了。

当湖又名拓湖，即浙江平湖的别称。乾隆四年（1739 年），平湖县世家张永年延聘范、施到家教棋。永年，字丹九，家中五世善弈，永年及其子皵坡、香谷皆能文工弈，有"拓湖三张"之称。后来曾将范、施授子谱选录二十八局，辑为《三张弈谱》行世。本年之中，范、施应主人的请求，进行十局对抗比赛，这就是"当湖十局"的由来。

然而，"当湖十局"未见《三张弈谱》收录，令人不免奇怪。直到同治年间，永年之玄孙张金圻有《坐隐居谈弈理诗》七言古诗一篇，才谈到此事，诗中有云："乾隆之际施范鸣，条理始终集大成。地灵人杰主宗盟，神乎技矣四筵惊。瞬息万变斗机巧，疾追鹰眼健虎爪。以征解征洵奇观，借劫酿劫谁分晓。三江两浙数十州，大开旗鼓东南陬。斩关夺隘谁为优，一间未达胡铁头。当湖客舍十三局，旁观当作传灯录。念我先人雅好棋，棋中授受见而知。"诗有自注："先高祖聘施、范在家对弈十三局，叹观止矣。"

诗中叙述渊源，出自家乘，当可作为信史。由此可知，范、施两雄确实在当湖对弈十三局。现今传世之《当湖十局》，西屏执白先行六局，似于理不合，当是后人辑谱时有所遗漏而致。按我国明清之际的习惯，高手相约，一般以十局棋为一轮，净胜局每领先四局者，交手棋份即提高一格。由于这种十局棋含有正式对抗的性质，因此对于棋手来说，是一件"性命攸关"的大事。吴清源曾形象地称这种"擂争十局棋"是一场悬崖上的白刃格斗。特别是在争夺棋界第一把交椅的赛事中，一方面胜者名扬四海，誉满天下，另一方面败者一蹶不振，棋士生涯就此断送。

当年西屏三十一岁，襄夏三十岁，正值精力充沛、所向无敌之际。对于襄夏，无疑含有向天下第一高手挑战的意味。对于西屏，则是一场精神压力极大的卫冕战。徐星友评黄龙士、盛大有对局云："大抵劲敌当前，机锋相逐，则智虑周详，若非劲敌，虽胜亦乏精彩。"这是指龙士与大有年事悬殊，棋力亦有高下之分，因而龙士虽胜，亦难免有胜之不武的感慨。徐星友进一步指出："求其两相对垒，年力相当，各极所长，绝无遗憾，上下古今，殊不可多得也。"徐星友在这里提出了一个标准，即要求对局者不仅要棋力相当，而且要年力相当，才能各尽所长，绝无遗憾，上演绝妙好局。这种标准自然适用于"当湖十局"。范、施年力相当，又同是"天下第一高手"，可谓二美具、两难并，他们之间的对局角逐，势必呕心沥血，竭力施展平生绝技。从棋局看，可说是出神入化，气象万千，关键之处杀法精妙，惊心动魄，将我国围棋的传统技艺发挥得淋漓尽致，诚为千古难得之佳作。

"当湖十局"不仅是范、施的绝技，也是我国古代对子局的高峰，它全面、彻底地展现出我国棋艺水平所达到的高超境界。其光辉所耀，历来为中外棋家所赞叹。

钱保塘《范施十局序》云："昔《抱朴子》言，善围棋者，世谓之棋圣。若两先生者，真无愧棋圣之名，虽寥寥十局，妙绝今古。"《海昌二妙集》评曰："劲气屈盘，首尾作一笔书，力量之大，非范、施相遇，不能有此伟观。"自民国以来，对局采用日本新法，布局不用"势子"，围棋的发展已有实质性的变化。然而今天的棋家评论当湖十局时，仍钦服于范、施作战精警，算路准确，奥妙无穷。这是因为今天的围棋理论虽比古代丰富，布局变化也比古代繁复，但决定一局棋胜负的关键，仍取决于中盘的战斗，这是古今一致的地方。因此在中盘战斗中，对杀的构思及计算的深度，仍是衡量棋手技艺素质的主要标准。而像范、施这样天才的棋艺大师，战斗之雄健、计算之深远、对杀演变之奇妙绝伦、艺术感染力之强烈，即使现代高手也往往甘拜下风，自叹弗如。

可以说，范、施两位大师在"当湖十局"所焕发的艺术造诣，乃是我国棋艺发展长河中的千古绝唱，充分体现出华夏民族的智慧与才华。如大海巨浸，如崇山峻岭，自有包罗万象的无穷内涵。正如所有伟大的艺术品一样，即使围棋不断地向前进，"当湖十局"的迷人魅力，也将始终闪烁光辉。

由我国围棋高手陈祖德撰写出版的《当湖十局细解》中的棋谱：

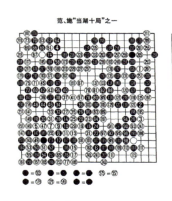
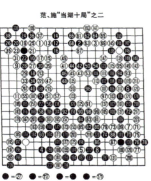

白方为施襄夏，黑方为范西屏，共二百六十手，黑胜七子

2. 平湖游祥和

（1）平湖游祥和的历史渊源

平湖新仓的林埭地区，流传着一种古老的纸牌游戏——游祥和（叶子戏）。这一纸牌游戏在先秦时被称为"六博"，唐代开始称"叶子戏"、"游祥和"，又被称为"游和"、"游邪符"、"玩叶子牌"、"玩娘娘牌"等，因其外形类似树叶而得名。它是一种古老的博戏，是我国传统文化的重要组成部分，是中华民族智慧的瑰宝。

游祥和的历史，可追溯到二千五百多年前的春秋战国时代。《辞海》记载："老子入西戎时，造'摴蒲'，'摴蒲'古博戏也。""摴蒲"即是骰子的前身。相传到魏晋南北朝时，由曹植将摴蒲截去两头，制成骰子的雏形，到了唐代，一行禅师又把这种传统博戏加以改进，制成"叶子牌"。据《戏瑕》记载："唐太宗问一行世数，禅师制叶子格进之。"自此，这种游戏开始盛行起来。

据《戏瑕》记载，唐朝宫苑内盛行叶子戏，唐懿宗之女同昌公主以此招待客人。"同昌公主一日大会韦氏族于广化里，韦氏诸家，好为叶子戏，夜则公主以红琉璃盘盛夜明珠，令僧祁捧立堂中，而光明如昼焉。"该书又载："凡士人宴会，闺房杂聚，与夫歌台舞榭之间，酒坛博馆之下，盛行叶子。举摴蒲象戏之乐，无以加于此矣！"这里足见"叶子戏"的流行程度。到了宋代，叶子戏又衍生出一种叫"打马"的游戏，即麻将的雏形。李清照《打马图经序》写道："博者无他，争先术耳，故专者能之。予性喜博，凡所谓博者皆耽之，昼夜每忘寝食……自南渡来流离迁徙，尽散博具，故罕为之，然实未尝忘于胸中也……抵金华，卜居陈氏第……更长烛明，奈此良夜何，于是博弈之事讲矣。"在《打马赋》中，女词人写道："主宾既醉，不有博弈者乎！打马爱兴，摴蒲遂废，实博弈之上流，乃闺房之雅戏。"由此可见，游祥和的历史由来有多么久远。

林埭镇位于平湖市之东南，土地肥沃，河流纵横密布，自然条件优于周边地区。从庄桥坟良渚文化遗址的发现可以推得：距今四五千年以前，林埭先民就已用石犁耕种，农业文明已达到相当高的水平。因偏居东南沿海一隅，中原大规模的战乱很少殃及此地，社会相对稳定，因此吸引着历代外地先民迁入，定居开发。史书记载：

唐末即有陆氏迁入林埭，北宋末，随着宋室南渡，过氏、屠氏、倪氏、赵氏、张氏等达官贵人、世家大族也纷至沓来。元末至清代，又有沈氏、王氏、朱氏、徐氏、陈氏相继迁入。他们对林埭镇的开发和建设均作出了贡献，同时，也把叶子戏这种古老文化带了进来，并称它为"游祥和"。直到现在，在陈匠村及周边村落里，仍有少数老年人在玩这种游戏。

（2）平湖游祥和的历史传说

民间关于"游祥和"有着这样一个传说：相传唐太宗登上皇位后，广开言路，政治清明，天下太平。一次，高僧一行来访，太宗便问李唐江山能传几代？一行禅师不好正面回答，不久，即献上"叶子格"一副，太宗看后不解其意。原来，这"叶子"两字的繁体字，拆开后便是"廿世李"三字。巧合的是，自唐高祖李渊在公元 618 年登基，到公元 907 年哀帝李柷唐亡时，刚好是二十个皇帝。而该牌除"鬼丁"以外的二十张，可代表唐代二十个皇帝，那张"鬼丁"牌，即"癸丁"，相舆术称"鬼丁交战"。"癸"代表北，北方为水；"丁"代表南，南方为火；"癸丁"即南北，就是庄宗李存勖开创的后唐（公元 923 年至 936 年在山西一带）和李昇建立的南唐（公元 937 年至 975 年在长江以南）。而"后唐"与"南唐"这南北两个国号名称，名义上是唐王朝的延续，实际上，政权属性已游离于唐室之外，所以给这张牌取了个不雅的名称"鬼丁"。一行禅师献叶子格预言李唐王朝的真实性我们已无从考证，但叶子戏这种博弈活动，自那时开始流行，却是不争的事实。

（3）平湖游祥和延续脉络

叶子戏后来又衍生出"牌九"、"接龙"、"摇廿一门头"、"游吃斗"、"麻将"、"扑克"等几种玩法。扑克牌经意大利旅行家马可·波罗之手带到西方，很快普及，并流传于世界各地，这是我国对世界文化的贡献。当然在有的地方，扑克也成了赌博的工具。历代统治者都曾对赌博加以禁止、取缔。如明太祖曾下过圣旨："下棋、打双陆者断手。"清代乾隆皇帝也曾禁"马吊牌"，但收效甚微。新中国成立后，我国政府更是严禁赌博，很多赌具都被禁止了。但林埭叶子牌娱乐的主流人群是闺房女眷和老年人，其性质与赌博相去甚远，故而延续至今。平湖游祥和的延续脉络如下图所示：

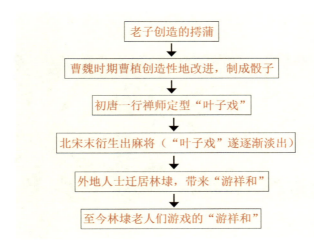

（4）现代"游祥和"牌形构成

该牌共二十一种色子，每色子五张，计一百零五张牌（即二十一组，每组五张）。因牌形似树叶，两头尖中间略圆，初名"叶子格"。牌长约10厘米，宽2厘米，用稍厚的纸做成。通常背蓝面白，表示蓝天白云，祥和天兆。后来为方便洗牌和携带，改为长方形，其宽度也不尽相同，现在很多老人都爱用香烟盒来制作纸牌。

用红、黑两种颜色在白面上点上不同数量的圆点，色彩醒目，如"地牌"、"人牌"、一头、四头点成红色，天牌六点红，六点黑，其余都用黑色，两头点数相同。

整副牌分别有"天"、"地"、"人"、"和"四个色子，长牌有"长三"、"长二"、"梅花"三个色子，短牌有"牛头"、"四六"、"一五"、"一六"四个色子，夹虎有"一四"、"二三"、"二五"、"二六"、"三四"、"三五"、"三六"、"四五"、"二四"九个色子。而"鬼丁"则是单独的一个色子，与其他牌不能配对组合。

每张牌的两头都有同样的点子，拿在手里不会觉得颠倒。"天牌"12点，"地牌"2点，"人牌"8点，"和牌"4点，"牛头"11点，"梅花"10点，"长三"6点，"长二"4点，"四六"10点，"一六"7点，"一五"6点，"二六"8点，"三五"8点，"三四"7点，"二五"7点，"二三"5点，"一四"5点，"二四"6点，"三六"9点，"四五"9点，"鬼丁"3点，计735点。

（5）平湖游祥和的游戏规则

挑庄：开始时，由四人分东南西北位置坐定，先由坐东面者用一根约15厘米长、

完整的"游祥和"纸牌（王珊／摄影）

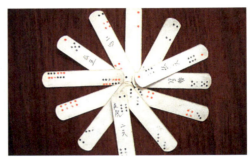

"游祥和"纸牌图案（王珊／摄影）

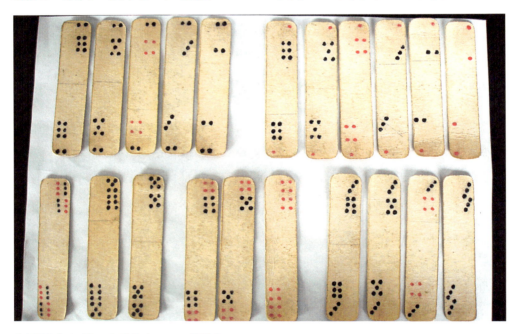

"游祥和"纸牌正面图案（王珊／摄影）

5 至 6 毫米直径粗细的竹棒任意挑一张牌，以挑出牌的点子数为准，以下家 6 点，对家 7 点，自家 5 点，上家 8 点开局。四人游戏，缺一不可。由庄家先依次轮流摸牌十八张，其余三家各摸十七张，由庄家先打出一张牌，闲家按顺序先摸一张牌，然后也出一张，每个游戏者手中都是十七张牌。

吃牌：手中打出的牌不可吃，摸起来的牌才可以吃，谁先摸到谁吃；自己不吃，别人可吃，但只能吃一家。谁家吃牌，必须在手中打出一张，手中的牌始终要保持单数才可和牌，但人家有开张、调张就不可以吃。开牌和调牌为大，吃为小，依此进行，直到和牌。要吃牌时，相同点数、相同色子都可以吃，如摸进一张"梅花"，手中有个单头就可以吃，组成一对。如"天牌"、"地牌"、"梅花"这几个色子，除"牛头"可吃外，"四六"也可以吃。这类牌有十张可以组合。如"一六"7点，出牌"一六"可吃外，还有"三四"7点，"二五"7点都可以吃，这类牌有十五张组合，吃牌和牌的系数就高。还有除"鬼丁"牌、相同色子可吃外，其余牌均不能与其组合。

开：手中如有三张相同色子的牌，有人打出"天牌"就可开，组成四张算一喜。

爻：起手牌庄家十八张，闲家十七张，手中如有相同色子的四张牌，叫"爻"，但必须亮出牌，算一喜。

调：在出牌过程中，如已有"开"、"爻"亮在前面，不管是谁家摸起相同色子的牌，均可调，组成五张，算二喜。

画龙船：在起手牌中，如有相同色子的五张牌叫"画龙船"。但必须亮出牌，算三喜。但有一条规则，在亮牌时还要同时说一声"游画龙"！否则只算一喜，而且还不能和牌，因为说一声"游画龙"就空打一张，手中牌变成双数，就成了"老相公"（废牌的别名）。

挺：手中牌一定要单数，其中都已配上对子，只有一张单头，就算挺张（即有和牌的机会）。

和：挺张后，摸起来的牌要配上自己手中单头牌的点数就可和。如果四门都挺这张牌，则谁先摸进谁就和，其余三家则不和。如手中有三张相同色子的牌挺在手里，有人打出同样的色子牌，叫开招成和，要加上一喜（似打麻将时的"放炮"，或叫"出铳"）。

算喜：即算账。最后是四家算喜，一般是平和一喜，开一喜，爻一喜，开招成和二喜，调二喜，画龙船三喜。如坐东有三喜，坐南二喜，坐西一喜，坐北无喜。坐东正六喜，坐南正二喜，坐西负二喜，坐北则负六喜。

"游祥和"的博弈活动，不受性别、年龄、时间等限制，四人一桌，其对抗程度也比较平和、文静，不像麻将、扑克那样激烈。现在在林埭，仍然有一些老人在玩这种古老的"游祥和"游戏。

这二十一种纸牌的不同组合与排列及其称谓的本身，就包含着我们中华民族

传统体育游艺

嘉兴传统体育、游艺与杂技

林埭老人玩"游祥和"纸牌（王珊／摄影）

林埭老人玩"游祥和"纸牌（贺国强／摄影）

五千年的悠久文化和历史，其玩法，更是中华民族智慧的演绎。至今，它仍是一笔不可多得的非物质文化遗产，我们应认真总结，好好地保存并加以推广，让它成为我国古老文化、优秀文明的见证。

3. 民间游戏

嘉兴作为历史悠久的文化古城，其民间游戏内容较丰富，形式多样，具有历史和文化印记，而且大多玩法简单，娱乐性强，老少皆宜，有浓郁的地方特色，不受年龄、地点和器材限制，是嘉兴人靠自己的聪明才智所创造出来的精神文化载体之一。然而，随着经济的快速发展，一些流传在大街小巷、田间地头，群众喜闻乐见的民间游戏已经逐渐失传。这种游戏文化的缺失让人觉得可惜和感叹。现在，人们开始认识到这种传统文化的魅力。为挽救这些珍贵的非物质文化遗产，嘉兴市平湖东湖小学对这些有趣的民间游戏进行挖掘整理，并广泛应用于课堂教学和课外体育文化娱乐活动，以此保护嘉兴地区的民间游戏，促进学生身心健康，陶冶学生道德情操，传承中华文化与文明。现对平湖东湖小学挖掘整理出的嘉兴民间游戏一一予以介绍。

（1）老鹰捉小鸡

参加者列为一队，其中一人扮"老母鸡"（老抱子），一人扮"老鹰"（老鹞子），其余人扮作"小鸡"。活动时，扮"老母鸡"的人在排头，扮作"小鸡"的人依次牵拽前面人的后衣襟或腰带，成为和"老母鸡"相连的一队。扮"老鹰"的人和扮"老母鸡"的人相对而立。游戏开始，双方经一番儿歌问答后，"老鹰"开始捉"小鸡"。"老母鸡"则张臂拦护，左挡右躲，极力保护小鸡不被"老鹰"捉到；"老鹰"则机动灵活地闪、挪、捕、穿，寻机从队尾去捉"小鸡"。每捉住一只"小鸡"，"老鹰"则做吃状，吃完后，命其站立在一旁。如此重复，直至"小鸡"被捉完为止。然后重新选人扮"老母鸡"和"老鹰"，开始新一轮的游戏。

（2）官兵捉强盗

一群人嘴里嘟囔着："一二三，嗨！"同时伸出手来，分手心手背，手心为白，手背为黑，人数多的逃跑，直到决出最后一个人当"警察"，剩下的自然就是"强盗"

老鹰捉小鸡（冯春华／摄影）

了。大家四散逃窜，警察得捉住一个人来代替他完成捉强盗的工作才算告一个段落。如此周而复始。

（3）打弹珠

打弹珠玩法很多，主要有三种：散打（也叫追老虎）、挨犁过、围老虎（也叫头潭二潭）。

①散打（追老虎）　一般有二三个小孩玩，分别在起点线打出弹珠，哪个人弹出的弹珠远，那个人就先打。打到对方的弹珠，他就算赢者，弹珠就归他，输者就再拿一颗弹珠，放在地上让赢者再来追打。如果他打的弹珠没碰到刚放在地上的弹珠，就改为由刚才输的人反过来追打他的弹珠，被打中的弹珠归赢者，输者再拿出一颗弹珠放在地上补上，再次追打。如此反复追打，直到游戏结束。

②挨犁过　由二至五人玩的弹珠游戏。在玩的地方，划一条起打线，在起打线前3米处划一个大的正方形格子，再在方格子中间划横线三条、竖线三条、对角线

两条。在每条线的交界点上，几个人平均放上弹珠。如果分不平均，可在中间点不放，弹珠总数为二十五粒，分不平均就放二十四粒弹珠。然后分先后在起打线朝对面方格处打出弹珠，看谁的弹珠最靠近方格，谁就是第一个打。如果弹珠打得超过方格或在方格内，算是最后一个打。因为打挨犁过弹珠游戏，先后很重要，前面的人若打起来很拿手，会把方格内的弹珠全部赢去，所以要争先。它的规则是：第一，近于方格者先打；第二，在方格内平均放下弹珠；第三，谁打出方格内的弹珠，弹珠就归谁所有，当作奖品；第四，如果打弹珠打进方格内算是死弹，不准拿出，充公。

③围老虎　在玩的地方，先划一条起打线，在 3 米外地方，挖三个盅口大小的小潭，每潭间隔约 1.5 米。玩者在起点线打出弹珠到头潭，弹珠离头潭最近的一个先打，以此类推，如果把弹珠打过头潭或进了潭，就会是最后一个打，所以在排名次时，都要轻轻打出弹珠，使它不过潭。

如果先打者连过三潭，回过来就是老虎了，后面要上来的弹珠即成了他追打的对象，再次轮到他打时就可以打碰其他人的弹珠了，被打碰弹珠的人这局算输，全部被打碰掉了，这局算完毕，换一局重新开始。

（4）丢手绢

游戏人数三四人以上为适宜，要求年龄八岁以上。参加游戏的人员围成一个圈，一个小朋友做丢手绢者。当其他小朋友唱起欢乐的歌谣"丢手绢，丢手绢，轻轻地放在小朋友的身后，你们千万不要告诉他"时，这个小朋友可以把手绢随意地放在任何一个参加游戏者的身后。当他跑完一圈回到原来位置而那位被放手绢的人还没有发现的话，就算丢手绢的小朋友获胜。如果那个被放手绢的小朋友发现了，他要拼命去追那个放手绢的小朋友。如果在一圈之内追上，那么就是被放的小朋友获胜；如果没有追上，那么就算放手绢的小朋友获胜。游戏以轻拍小朋友的肩膀作为是否被追到的标准。输了的小朋友要表演一个节目，然后由输了的小朋友重新开始丢手绢。

（5）扎手绢

几个幼儿手拉手，围成一个圆圈。甲、乙两个幼儿在圈外相对的地方分别将手绢扎到圈上幼儿的手腕上；然后以最快的速度往顺时针方向跑，将对方扎的手绢解下，扎在前一个幼儿的手腕上；扎好再往前跑去解前面的手绢……若另一个幼儿还

丢手绢游戏（冯春华／摄影）

未扎好就被追上则为输者，与被扎幼儿换位，游戏继续开始。

（6）文墩桥

两人手拉手做成一顶桥，其他小朋友排成一列队通过这顶桥，即从下面钻过。做桥者嘴里唱着儿歌，当唱到一定时候，做桥的小朋友抓住过桥的小朋友，被抓住的小朋友要表演一个节目给大家看。

（7）跷跷板

参加游戏的小朋友在木头做成的一根板子上互相之间跷来跷去，板子中间由螺丝等固定。

（8）跳房子

以三至五人游戏为宜，首先排定游戏顺序，游戏开始，先由第一人将布沙袋抛进第一格，用单脚跳跳进第一格，接着用单脚将布沙袋踢进第二格，然后用双脚跳进第二格，再将布沙袋双脚夹进第三格，接着用单脚跳进第三格，这样单脚、双脚地交替踢布沙袋，直到把布沙袋踢出第六格，双脚跳出第六格，算一次成功，可得十分，然后再从第一格重新做起。若在某格失误，可在下一轮时，从失误格做起。几轮以后，以得分最多者为第一名，以此类推。

（9）载灰子

捉棋，俗称"载灰子"。棋子是用布缝制的，约一寸见方，里面装入大米（也有用赤豆或绿豆的），缝闭袋口而成，一副为七只。游戏大多在室内桌子上玩。参加者两人以上。捉棋游戏开始，要先抢"头家"，用手抓起七只布棋，一起往上抛起，然后用手背接住再翻起，用手掌心接住，接住棋子最多者为头家。玩时先将七只布棋全部撒在桌面上，再在其中选一只布棋做"头子"。捉棋的玩法有多种，根据参加者的技艺或年龄而定。一次拾一只，将头子向上抛，迅速从桌面上拾起一只布棋，翻过手来接住下落的头子。接下来以同样的方法，一抛一拾，直到拾完为止。也有一次拾二只、拾三只的，都是以同样的方法将桌面的布棋拾完。民间俗称为"拾完"或"捉完"。

（10）挑针棒

游戏材料是由木头做成的细棒。一开始撒开来后没有碰到其他棒子的小棒可以拿出来当作工具，用来挑起其他的小棒，但不能碰到其他小棒。当不小心碰动其他小棒的时候即由对手继续，直到最后小棒被全部拿光，游戏结束，以谁拿到更多的小棒为游戏获胜的标准。

（11）猫捉老鼠

游戏时"小老鼠"听着鼓声随意做出吃东西的样子，"黑猫警长"在旁边休息，等听到"喵"的声音，"老鼠"就找个家躲起来，"黑猫"警长就去堵住它们。

（12）滚铁环

男孩手捏顶头是 V 字形的铁棍或铁丝，推一个直径 66 厘米左右的黑铁环向前跑，发出哗啷哗啷的声音。有的还在铁环上套两三个小环，滚动时更响。

滚铁环是那个年代男孩子的炫技宝物，拥有铁环就如同现在的孩子带着滑板上学一样，非常风光。玩法是用铁钩推动铁环向前滚动，以铁钩控制其方向，可直走、拐弯。滚铁环的动作有一定的难度，需要一定的技巧。技术好的孩子能把铁环从家一路滚到学校，绕过各种障碍，甚至可以过水塘上楼梯，别的孩子只有在一旁艳羡的份。那时候在放学的路上，经常可以看到一群背着书包满脸脏兮兮的男孩子，手里拿着铁钩，推着铁环奔跑在马路上，哗啷哗啷的声音响成一片，场面颇为壮观。

（13）抽陀螺

据说抽陀螺是一种相当古老的游戏，早在我国宋代就已经出现一种类似于陀螺的玩具，当时叫作"千千"。据载，"千千"是个长约 3 厘米的针形物体，放在象牙制的圆盘中，用手拧着旋转，比赛谁转得最久。这是当时嫔妃宫女用来打发深宫内无聊时光而发明的贵族游戏。而"陀螺"这一名词最早出现在明朝。至于陀螺究竟是不是由"千千"演变而来的，那就无法考证了。但是直到现在也仍然有很多人喜欢玩这种古老的游戏。

东湖地区的陀螺是木头做成的，然后用系线的棒子进行抽打，使其不停地旋转。游戏比赛以谁的陀螺旋转的时间长为胜利的标准。

（14）石头剪刀布

四人参加游戏，两人一组，一组做猜拳人，一组做走步人，走步人站在起点线上。猜拳双方相对而立，边原地跳边说"锤子、剪刀、布"，当说到"布"时，双方用脚做出想做的动作（"石头"为两腿并拢，"剪刀"为两腿一前一后，"布"为两腿向两侧张开），以动作决出胜负，胜者一方的走步人向前跨一大步。游戏反复进行，直至有走步人到达终点，先到终点为胜方。

（15）蚊子叮手

游戏者随儿歌将作捏东西状的手叠放至另一人的手背上，依次叠高，直到无法够着为止。

（16）捉蜻蜓

参加者一人将手掌掌心朝下向前伸。其余幼儿每人伸出一食指顶住伸掌者的手心，念儿歌。儿歌念到最后一字时，伸掌者迅速抓握掌心中的食指，伸食指者要尽快逃脱，被抓住食指者就做下一次游戏的伸掌者。

（17）瞎子摸拐子

可多个幼儿共同参加游戏。一人用手帕蒙住眼睛当"瞎子"，一人将左手抓住左小腿当"拐子"。游戏开始，"拐子"吹口哨，其他幼儿在一定范围内四散跑开，"瞎

石头剪刀布（冯春华／摄影）

子"听声去摸"拐子"，"拐子"被摸住，双方对换角色，其他人被摸住就退出游戏，下一轮再玩。

(18) 红灯绿灯西瓜白灯

请一个幼儿背朝众幼儿做开灯者，站在场地的另一端，众幼儿朝前随意行走或做各种姿势的动作。当开灯者大声说完"红灯、绿灯，马上开灯"转回头时，众幼儿必须立刻如木头人一般静止站立，直至开灯者再转回头。若在此间有人控制不住而动了，将被请出。游戏反复进行，谁能坚持到最后则为胜者，然后由胜者当开灯者。

(19) 地雷爆炸

游戏前先用猜拳决出一个追逐者，其余幼儿为逃跑者。逃跑者可以四散跑，追逐者只要能捉到一个人就算胜利。逃跑者保护自己的办法就是，快被捉住时，可以立即蹲下说"地雷"，追逐者就必须停止追他，另找目标追逐。而"地雷"只能原地不动地蹲着，等其他人来拍一下，并喊"爆炸"，才算被解救，可继续做逃跑者。被捉住者为第二轮游戏的追逐者。

（20）手推车

三人猜拳决胜负，胜者先趴下做"车"，其余两人分别把胜者的小腿抬起，夹在身体的一侧做推车人，推车人不能过分用力，做"车"人要双手撑地走，注意要选择平整而清洁的地面进行游戏。

（21）捉迷藏

捉迷藏，又叫躲猫猫，是两个人或几个人一起来玩的游戏，其中得有一个人来找，其他的人就藏起来让别人来找，藏起来的人都被找到后，就算游戏结束。

（22）弹弓

用木头或者铁等金属材料做成弹弓，通常用来打鸟用，也有顽皮的孩子用来打家禽。作为玩具时特别需要注意安全。

（23）过家家

三五个孩子在一起，模仿大人们的行为，有的孩子扮爸爸，有的扮妈妈，模仿大人买菜、洗衣、做饭等。

（24）击鼓传花

用红领巾做成花，一人背对其他人做敲鼓者，当鼓声停止的时候花在谁的手上谁就要表演一个节目。表演完节目后游戏继续。

（25）木头人

参加者两人念儿歌，儿歌念完后，立刻静止不动，不说不笑地对视，谁先忍不住动或笑了，就算输。

（26）警察捉小偷

幼儿平均分为两组，一组为"警察"，一组为"小偷"。场地上，分别画两个圈为各自的"家"。游戏开始，"小偷"出来活动，四散跑开，"警察"出来捉"小偷"，把"小偷"捉回"警察"的家。未被捉住的"小偷"如果跑回自己的"家"，"警察"就不能再捉了。

（27）拍手背

两名幼儿以猜拳来决定谁先拍。拍者掌心向上，并将手放在对方的手心下面，看准机会，撒手从上面去拍对方的手背。如能成功，则继续拍，一旦拍空，两人交换。

(28) 种西瓜

四人一组站成圆圈，然后，依次把脚勾在前一个人的脚弯里，形成脚搭成的圆圈。大家一起边拍手边念儿歌，单脚跳着绕圈前进（此游戏适合较大的孩子玩）。

(29) 切西瓜

几个幼儿手拉手围成一个大圆圈（做"大西瓜"）。一位幼儿做切西瓜，边念儿歌边绕着圆圈走，并做"切西瓜"的动作，念到最后一个字时，将身边两个幼儿拉着的手切开，然后站在被切开的位置。被切到的两个幼儿则必须立即朝不同方向跑一圈，再回到原位，先到达原位者即为再次游戏的"切瓜人"。

(30) 舞龙灯

由传统的舞龙简化而来的舞龙灯游戏，简单，有趣。利用稻草、竹筒或雪碧瓶制一个象征性的"龙头"，再制出"龙身"（用稻草扎成大约20厘米长的草扎若干个，中间穿上一根绳子，若给小班幼儿玩可不穿绳），用小竹竿或木棍插进"龙头"、"龙身"，让幼儿举着舞，也可以两条"龙"嬉戏，儿童玩耍，乐在其中。

(31) 丢沙包

两人分别站在两头丢沙包，其余的人就在中间躲来躲去。一般采取淘汰制，中间的人若被沙包击中就得充当"投手"，如果用手直接抓住了丢过来的沙包则可加一次"生存机会"，游戏继续。这是不是有些像棒球中的"投手"？常胜法则只有一条：我躲，我躲，我躲躲躲！

(32) 五子棋

五子棋相传起源于四千多年前的尧帝时期，比围棋的历史还要悠久，可能早在"尧造围棋"之前，民间就已有五子棋游戏。早期的五子棋与围棋有相似之处，因为古代五子棋的棋具与围棋是完全相同的。在上古的神话传说中有"女娲造人，伏羲做棋"一说。《山海经》中记载："休舆之山，其上有石焉，名曰帝台之棋，五色而文，其状如鹑卵。"李善注韦昭《博弈论》引三国魏邯郸淳《艺经》曰："棋局纵横各十七道，合二百八十九道，白黑棋子，各一百五十枚。"可见，五子棋颇有渊源。亦有传说，五子棋最初流行于少数民族地区，以后渐渐演变成围棋并在子孙后代中普及开来。

在古代，五子棋棋具虽然与围棋相类同，但是下法却是完全不同的。正如《辞海》中所言，五子棋是"棋类游戏，棋具与围棋相同，两人对局，轮流下子，先将五子连成一行者为胜"。至于国人中有将五子棋称为"连五子"或"连珠"，也许是源于史书中"日月如合璧，五星如连珠"（《汉书》）。

这里的玩法简单得多，棋盘就是方格纸，每方各执一色棋子，只要有五颗同色的棋子连成一条直线就算赢了。没有棋盘棋子，在纸上画些格子，一个用蓝笔一个用红笔，玩起来同样有趣，五子棋格外受高年级的学生喜欢。

（33）放鹞子

放鹞子是我国民间广为盛行的一项传统游艺活动，放鹞子的前身是放木鸢，鹞子是对南方风筝的称呼，北方叫纸鸢。木鸢最早起源于春秋战国时期，至今已有两千余年的历史，被称为人类最早的飞行器。著名的建筑工匠鲁班曾制木鸢飞上天空，后来以纸代木，原用于军事上，汉代起，用于测量和传递消息。宋代放鹞子逐渐成为一种民间娱乐游戏。明代，郎瑛《七修类稿》云："春之风自下而升上，纸鸢因之以起。"由此可推定，平湖新埭从明代开始逐渐形成放鹞子习俗，后来演变为一种季节性的传统娱乐体育项目，在民间广泛流传至今。

鹞子是用细竹片扎成骨架，扎得结实匀称，舒展平整，再用洋绵纸糊成，有的在鹞子上面扎上琴弦和竹笛。一般以五根分线结为一根总线，系上长线，利用风力升上天空，技艺包括风、线、放、调、收。鹞子主要分为"硬膀"和"软翅"两种类型："硬膀"鹞子翅膀坚硬，吃风大；"软翅"鹞子柔软，飞不高，但飞得远。在样式上，除了传统的禽、兽、虫、鱼外，近代还发展出人物鹞子等新样式。

春光明媚，桃红柳绿，风和日暖，是放鹞子的最佳季节。俗话讲：正月灯，二月鹞，三月放只懒板鹞。鹞子从古到今是我国男女老少都喜欢的玩物，它适宜春天里放飞，在空旷的田野上，飘扬于蓝天，如小鸟飞上云霄。

放鹞子是一种民间自发性的群众娱乐活动，也是图个吉利。因操作时要顺风，故称一帆风顺。旧时，鹞子放了段时间，就会特意剪断绳线，意思是让一切灾难和不幸随风而去。一旦鹞子绳子断掉，鹞子落在人家屋顶上，寓意不吉利。放鹞者要登门道歉，买祭品消灾，称斋利市。

1953年春，平湖新埭镇石桥村六组，石桥头于家埭农民朱照根等兄弟四人，扎糊了一架长2.03米、宽1.15米，带有丝琴二十四串（即二十四只角）的大型鹞子，放飞时用十个身强力壮青年男子，牵引线约380米。鹞子飞上高高蓝天，围观者听到阵阵悦耳琴声，喜笑颜开，个个拍手叫好。1995年，朱照根兄弟给新埭中学（当时南桥中学）学生上放风筝兴趣课，指导学生扎制和放飞风筝，收到良好的效果。

（34）蜈蜂扫地

游戏至少有三个人参加，多至七八个人。选择一块10平方米的空地（室内室外均可），由一人蹲在地中间，双手双脚都落地，作爬行状，做"蜈蜂"。胸前地上放三块小砖头，摆成三角形。边上的人设法抢他胸前的小砖头，守护者双手不能离地，只能伸出单腿去扫抢夺者的脚，如抢夺者的脚被扫着了，抢夺者就认输，蹲下来做"蜈蜂"。如果"蜈蜂"胸前三块砖头被抢走了，仍扫不到人，就要继续下去。

（35）勾脚

四人参加游戏，第一个人的腿先抬高，第二个人的腿压在第一个人的腿上，第三个人的腿压在第二个人的腿上，第四个人的腿压在第三个人的腿上，然后用脚勾住第一个人的腿，呈正方形。

然后四人边拍手边转圈，先掉腿或摔跤者算输。

（36）猫抢柱子

竞赛场地一般为旧式厅房，厅上有四根厅柱。比赛参加人数为五人，大家先站在厅中央，一声号令，大家争抢柱子，没有抢到的做"猫"，然后等时间，在"老鼠"互相跳动时再抢。"老鼠"必须不停地换柱子，不然"猫"就没有机会抢了。

（37）蚂蚁叮叮

参赛者一般以三或四人为宜。比赛时大家左右手交叉轮抢，用手指撮住手臂皮肤后再齐唱："蚂蚁叮叮，买肉买三斤，精肉自己吃，油肉请客人。"谁要是手指滑掉，算输。

（38）挤油

挤油，俗称轧窝头。寒冷的冬天，几个小孩子靠墙而立，用肩部的力量向中间挤，被挤出的人向旁边去，再向中间挤，如此反复进行。一边挤一边喊："挤出猪油换麻油。"被挤出的要向旁边去。如果让小孩子边念儿歌边游戏，更能增添趣味，并

传统体育游艺

嘉兴传统体育、游艺与杂技

勾脚游戏（冯春华／摄影）

蚂蚁叮叮游戏（冯春华／摄影）

挤油游戏（李秋妹／摄影）

培养协作精神。

（39）斗鸡

两人或两人以上参加。一条腿弯曲用手拉住，呈金鸡独立状，然后膝盖对碰，弯曲的腿先落地者算输。

（40）跳绳

跳绳的方式有个人与集体之分。双人跳绳、多人跳绳、鱼贯顺序跳，都是集体跳绳的主要形式。绳也有两种：一种长绳供多人跳，由两人摆绳；一种短绳由单人双手摆绳，自摆自跳。

斗鸡游戏（李秋妹／摄影）

一种是游戏性跳绳，边跳边伴唱，以娱乐为主。一种是技巧性跳绳，有单脚跳、换脚跳、双脚并跳、双脚空中分跳、蹲跳、反手跳、侧卧式跳。一种是快速性跳绳，有快跑跳绳比赛与原地正反快跳比赛之分。

（41）踢房

参加游戏一般是两人以上，以四五人为宜，游戏的地方最好有地砖或是水泥地，泥地也可以，但要平整，宽度最少 1 米，长 5 至 10 米。在地上画出十个方格，方格

跳长绳（李秋妹／摄影）

上有一至十的阿拉伯数字。

每人手里准备一块小砖头，游戏开始，一个个轮流进行。轮到第一人，先将砖头丢在第一格，然后双脚跨进去，再将右脚缩起，用左脚单脚将砖块踢回起点线，一直到第十个踢完。等你"造好"一幢房子，你可在另一排方格中造一格作为你的居住屋，以后在造房子踢砖时，你可以在你的居住屋双脚落地，休息一会儿。

砖头丢进第一格时，如丢不进，就算输一次，换下一个人进行。踢砖头时一定要用单脚踢砖。如右脚落地，也算输，如果踢回的砖头踢不到起点线，也算输。

（42）踢毽子

过去的毽子都是自己做的，用一个铜钱，然后包上一层厚厚的布，中间穿个孔，插入一段鹅毛管子，缝好后，插上鸡毛。鸡毛一般都是自己家的，杀完鸡之后，小孩子就迫不及待地挑选上好的鸡毛，留待以后做毽子用。

踢房游戏（李秋妹／摄影）

踢毽子（李秋妹／摄影）

(43) 翻纸夹

先找好比赛场地，要有一堵墙，有空旷地。

比赛时轮流用纸夹撞墙，使纸夹反弹出去，弹得远的可以吃近的，吃时用自己

翻纸夹游戏（李秋妹／摄影）

的纸夹打人家地上的纸夹，使其翻身算赢。

（44）车马炮

在玩车马炮时，先把一副棋子翻均匀，然后两人对分，每人各得十六只棋。比赛时有几种方法："独"，就是出一只棋子来比；"双"，每人拿出四只棋子来比；"三"，就是出"帅、仕、相"，"将、士、象"；"车马炮"，就是出十只或五只"兵"或"卒"。

比赛完后，数棋子数目，谁多就是赢家。

（45）拔河（拉绳）

有至少十人以上参加游戏。分成两队或三队，先由两个队比赛。比赛时用一根绳，中间带一小块砖头作为标志，场地上划出双方各线和中间线。有一队如果把标志拉进自己线内，就算赢了对方。

两队比赛时有一人当裁判，两队参赛时，双方人数相等，或者体重总量相等。

（46）走粪坑

游戏由两人参加。一个人作大珠，一个人作小珠，大珠一颗，小珠十六颗，在粪坑棋的棋盘上走。大珠吃完小珠前，小珠逼大珠走入粪坑，大珠输。

大珠和小珠在棋盘上每次只可移动一步，大珠走入两头均有小珠的位置时，大珠可以吃掉两颗小珠。

（47）削水面

比赛时先选好宽度适中的河面。两人或数人比赛，比赛时拾取一块薄薄小瓦片，半俯身子，然后发力飞掷出去，让瓦片接触水面。

谁的瓦片飞得远，接触水面时（漂水花）点数多就是赢家。

拔河比赛（李秋妹／摄影）

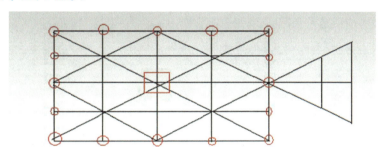

走粪坑游戏示意图（李秋妹／摄影）

（48）造房

在平地上画上格子，人在格内一脚着地蹦着走，同时踢动地上的小瓦片，以脚不踏线为不犯规，一直把小瓦片踢出所有的格就可用手把瓦片掷向最后一格已划分的分数块上。瓦片落到哪一块上就得几分，凑足一定的分数就可"造房"。"造房"就是选定一块格为己有，以后自己可在这格内双脚站地稍作休息，别人经过此格时一定要一脚蹦过去。

以最先走出者为胜方。

（49）十拉码子断污坑

游戏前先在场地上画一个由四个米字方格组成的大方格，底部和顶部各画一个不同形状的田字形表示污坑和田。

游戏只限二人进行，其他人只能旁观做参谋。二人中一人执大码放在中间，另一个人执小码分放在四面十六个线条的交叉点上。先由大码走，规则是在大方格内可用"担"和"挠"的方式吃掉小码。"担"是自己的码走在小码中间的平行线上，可以吃掉小码；"挠"是自己走的位置上平行线连接处同时有两只小码也可以都吃掉。但离开大方格时只能是田"担"坑"挠"了。小码则千方百计要迫使大码先进入坑，后进入田内。如果小码被大码吃光了，大码获胜；如果大码被小码断入坑和田中，则小码获胜。

（50）移牛角

此民间游戏只限于二人进行。先用纸在场地上画一个牛角状的尖形图案。内部用斜线交叉画成任意几条路线，一直画到牛角底。

游戏双方各执码子，以其他方式确定谁先动码走，然后一直走下去，最后码子被逼入牛角底者为输。

（51）擂白果

白果，学名银杏，是银杏树的果实。因为它外皮褪去以后为椭圆形，两头又尖，颜色洁白，所以人们习惯叫它白果。

玩的时候先把竹畚箕以口向下放好，然后在畚箕斜面向下的一定距离处画好一条线作为界线。

参加游戏的人手拿数颗白果，游戏开始时，玩的人用白果在畚箕背面的竹条中间由上而下擂下去。等所有的白果擂光后，根据出线白果的多少论输赢。

如果中间有人坐庄的，庄家出线的白果少于其他人的，就由其他人打庄家一记手心，反之就由庄家打其他人一记手心。

（52）夺皇帝

过去有一些地方，常常有高大的圆形的坟堆或坟包，几个小伙伴在坟堆上爬上爬下闹着玩。

先由一个人立在坟堆中间的高头，口里高喊着："皇帝伯伯万万年，十八只小乌龟勿敢走上来！"然后做一些威武雄壮的动作，以表示威。下面的小伙伴从四面八方呐喊着冲上来拉他下去，他拼命挣扎逃离。如果他被拉下去了，就失去了做皇帝的资格，由拉他下去的人继续做皇帝，重复以前的做法。如此这般轮流玩下去，直到筋疲力尽，尽兴为止。

（53）猜宝（拳）

用镳子在泥地上掘一个边长10厘米左右的方形泥坑，深浅也在10厘米左右。

玩的时候有一个做东道主。开始时，东道主右手大拇指和食指捏一根五六厘米长的篾丝，并用左手严严盖住，然后做出一些假动作来迷惑其他人，并用右手中的大拇指和食指将篾丝插入东、南、西、北中的任意一个角，并叫其他参加的人猜篾丝插在哪一角。如果赌羊草的话，叫猜的人在猜中的那一个角放一把羊草，等到一切安排好以后，将双手掀开，确定篾丝到底放在哪一个角。如果猜不中，羊草被没收；如果猜中了，东道主反而要赔一把羊草给猜中的人。

（54）走梯关

在白纸或地面上画两个二角尖相连接的等边三角形图案，两个三角形里面画呈田字状线条，再在一个三角形田字中心线延伸出一条线，延伸线的上面用两条对等距离的横线截止，状似"干"字形的电视天线。

游戏双方要在底部横线的三个点上各放一个码。一方要沿着线条向上走，企图进入两面天线的终点；另一方则千方百计用码阻止它上去。一方如果能够顺利进入天线终点，那就赢了，否则就输了。

（55）打噼啪

这种游戏仅限二人间进行。参加游戏双方面对面，右手掌交叉对右手掌，左手掌交叉对左手掌。

游戏开始，一方用双手轻轻地来回抚摸着对方的双手，嘴里轻轻哼着儿歌："一路麦，二路麦，三路下甜麦，四路打噼啪。"哼到这里时，一方用右手掌斜着向对方右手掌拍去，嘴里喊着："噼噼啪，噼噼啪。"然后用左手对右手，交替进行，嘴里同时不停地哼着，直到玩累为止。

（56）蹋车马炮

此游戏仿照中国象棋，用硬纸剪成三十二张同样大小的纸牌，用笔书写帅、将、士、仕、相、象、车、伡、马、马、炮、砲、兵、卒；其中帅、将各一张，兵五张，卒五张，其余各两张。市场上也有印好的现成纸牌。

二至四人均可参加，再多就不行。如果是三人玩的话，牌中要再抽出兵、卒各一张，方可进行。

把牌用手插匀，然后轮流蹋牌，蹋好后，以出独、对、三的方式，按以大吃小的方式决定胜负。如果有四兵或四卒，叫造四，其他方要输牌给他；如果有五兵或五卒，叫造反，其他方也同样输牌给他。直到出牌完毕，以得牌多少，定输赢。

（57）笃毛老虎

笃毛老虎，又叫斗青龙，虽是小孩们的游戏，但大人也可以玩，不过，这个游戏要在黄豆生长期内进行，否则就找不到玩的工具了。在黄豆秧生长旺盛期和叶落以前，都可以进行。

玩时取黄豆的枝叶做成五种不同形状：剪掉大部分叶片，仅存三个杈上极少部分叶片的叫青龙，作数五分；剪掉全部叶片，仅存三个枝杈的叫毛老虎，作数四分；剪掉下面平行两个枝杈中的一个，叫瞎子勾，作数三分；剪掉延伸上去的枝杈，仅存下面平行两个分杈的叫蟹拳头，作数两分；所有枝杈全部剪光，仅存一个光秆的，叫讨饭棒，作数一分。

玩的时候，二人以上，人多不限，每人各分别取五个不同品种的各两根，共十根。开始前，玩的人分别把自己持有的十根平放在手心里，然后作一次翻转动作，然后再还原，看自己手心里剩有多少根黄豆枝定先后程序，剩的越多次序越前，越少越后。开始玩时，场地中间放一块六七厘米左右见方的碎瓦片作基座，轮到玩的人把所有人的黄豆枝条集中起来，然后竖着用力将一把黄豆枝条自上而下笔直用力地笃在碎瓦片中间。如果碎瓦片上黄豆枝条一根也不沾边，就叫作光榔头，取消这一次玩的资格；如果有黄豆枝条连接碎瓦片的话，就可以拾取边上散落的枝条，作为战利品，如果不小心将连接着的其他枝条碰动了一下，就要被取消玩的资格了；这样按次序轮流玩下去，一直到黄豆枝条全部取光为止。然后按所拾得枝条的品种计分，每人十根枝条的本钱是三十分。如果所得枝条分数恰巧是三十分，就够本，不输不赢；如果少了，就要向多的人买；如果多了，就可以卖给少的人。以每分一记手心为价格，赢的人打输的人，输的人被赢的人打。

(58) 移面更

此游戏只限二人进行，其他的人只能旁观或做参谋。先在白纸或场地上画一个由大、中、小三个方格组成的图案，四角用斜线连接。游戏双方用对等码或大小码现在说不清楚了，只知道输赢结果是吃了几碗面。

以先到的一方为胜。

(59) 斗镰子

镰子，是本地少年儿童或成年人割草用的工具，但也可派其他用场。此游戏一般是过去少年儿童玩的。参加玩的人有二个以上，其中一人做庄家，玩耍工具就是镰子。

有时玩的人箕（筐）中没有羊草作赌注了，就只好退出，再去割一些草来继续玩耍。

先是庄家右手捏吉子柄由下而上旋转向前甩去，等到镰子落地时，看形状定点数，其中平面仰天为一点，平面朝下为两点，侧面镰子尖朝天为九点，侧面镰子尖朝地为十点，镰子背插入泥中为五十点，镰子柄插入泥中为一百点，其中烂泥地上镰子柄深深插入泥中，而镰子尖离地只有手背面可过为点子最多，叫咯咯啄蛋。

庄家斗出点数后，再由其他人斗，其他人斗出的点数多于庄家的，庄家要给他一把羊草，其他人斗出的点子少于庄家的，要给庄家一把羊草。庄家可以连扔几次，也可以轮流坐庄，如此循环往复，尽情玩下去。

(60) 丢镰子（镰刀）

这是过去孩子们在割草之余玩的一个游戏。几个人在旱田里将镰刀一把一把丢向远处，看镰刀着地样子定分数。

镰刀柄横着，刀面向上为一点，趴下为两点，柄横刀尖插入泥下为十点，柄横刀尖朝上背角入泥为二十点，柄向上竖刀背入泥（如斜的柄梢处大于三拳的）为五十点，小于三拳的要算十点或二十点，刀在上柄插入泥的最大，称为老爷撑伞，何千何万。然后几把的点数加起来，最大的胜，小输，中和。

(61) 掠牛角尖

掠牛角尖棋盘为两小码，一大码。小码要把大码掠入牛角尖，使大码不能动，无路可走，方为胜。

（62）担酸豆腐

酸豆腐棋盘为米字格，红或蓝各三子，在各对边布局，按线走，交换着每人每次各走一步。

三只同色棋走在一斜线交点上为胜得十分，走在横线或竖线的交点上为胜得五分，继续走下去，以累计得分数多者为胜。

（63）掰手腕

过去，农村男性青少年聚在一起的时候，就会玩一种掰手腕的竞技活动。掰手腕的基本形式是，两个人以手相握，以肘部为支点，相互用力，直到对方难以支撑而被扳倒为一局。

（64）斗蟋蟀

蟋蟀俗名叫"赛唧"，斗蟋蟀是一项十分有趣的娱乐活动。

玩蟋蟀首先要学会辨别它的形、色、声。颜色油黄，头前额门星突出，颈部有朱砂，叫声响，体形雄健的蟋蟀凶猛善斗。

斗蟋蟀要准备一种工具，称为"牵草"。田间有一种赛唧草（学名牛筋草），采一支把它顶端分开成三或四片，向下折叠，用手轻轻按住向上一拉，顶部便会留下白须，"牵草"就做成了。当两只雄性蟋蟀用牵草触碰门牙，通过牵引就会斗起来。斗蟋蟀在中秋节前后最为热门。

小孩子斗蟋蟀，一般蹲在阶沿石上或趴在地上，拿个砂盆，上面罩一块玻璃，迫不及待地把捉回来的蟋蟀一只一只放进盆去让它们逐一拼斗，比出"大亨"。大人押彩头的斗蟋蟀就有讲究了：首先由专职师傅将蟋蟀通过专用容器称体重，在盆里编号的同时标上重量，列在地块字牌上，便于押彩者结对子；然后在八仙桌上放一个赤笼（斗蟋蟀的场子），竹木结构，底和四壁是木制的，两头设有可以抽动的门，中间是一块挡板，上面弧形（竹子做的）像鸟笼似的很精致。桌子一边站一个牵引师，一边站一个中人。中人把结好对的蟋蟀通过量具放到笼的两头，让边上观战的人们观看神色和体形，然后在甲、乙方押上彩头。押彩多的坐庄，有时也由蟋蟀主决定。当双方彩数相仿或庄主认可，拼斗开始，牵引师打开中间挡板，牵引蟋蟀拼斗。

一场拼斗一般在几秒钟内决定胜负，胜者竖起翅膀发出"唧唧"的叫声，败者在笼底乱窜成为"败举"，常被人们放掉或摔死。一场场下来总是几家欢笑几家愁，胜者满载而归，败者摔死蟋蟀又破财。

小孩斗蟋蟀的规则有：孩子弄弄白相相，逐一拼斗，胜者为王，俗称"大亨"。败者为"败举"，放生或摔死。

大人押彩的规则有：相约时间至固定的场地开赌，一般半月一次，逢五或逢十；蟋蟀体重相仿；如果蟋蟀主认为自己的蟋蟀善斗，可以放一马，以体轻的挑战体重的。

（65）移十六码子

十六码子棋盘为四个米字格加三角格粪坑，四周放十六个码子，中间放一大码，小码大码各为一方。

大码先走，小码迟走。按线走，只可走一步，大码走进两小码中间（一直线上）为担，可以吃掉被担两小码，其中三担（六小码）很容易吃，吃后被赶粪坑而死为平局，吃小码四担或以上者而死，大码为胜。如小码只剩下四个，还可把大码掠入壁角，使不能动弹，无路可走。如只剩二小码，大码走到二小码一头（一直线上）称为撬猪头吃尽小码，小码走到大码一头称为共猪头，大码死。

（66）十六码子簛粪坑

先在地上或大的木板上画一个码子盘。两人参加游戏，一人走大码，一人走小码。大码只有一只，小码有十六只。小码把大码从田里簛到粪坑，大码输；如大码吃掉小码，没被簛进粪坑，大码赢。

大码先走，小码迟走，大码可用挑担的方法吃小码，小码不能吃大码。小码必须先把大码簛到田里，再从田里簛到粪坑的底下才算赢。

（67）咯咯飞

"大鸡小鸡油盏火鸡，看哪里只小咯咯先飞去。"两个以上小朋友，每个人食指和拇指围成一个圈，其中一人一边说一边在圈里点，最后点到谁，谁就迅速跑，其他人追。

还没点到不能先跑，否则算犯规。

（68）掷三脚架

小孩子割草时，割满羊草后就抽时间玩游戏。用三个棒，搭起三脚架子，一人

传统体育游艺

嘉兴传统体育、游艺与杂技

十六码子薪粪坑演示图（李秋妹／摄影）

玩掷三脚架（李秋妹／摄影）

拿出一把草，放在一起，先在三脚架边丢镰刀，谁丢得远，谁先回丢，谁先丢塌三脚架，谁就赢。

（69）下雪天捉麻雀

下雪天麻雀无处觅食，根据麻雀觅食习性，将一只圆匾平放在往来人少的地方，匾内放少量稻谷或米。面上再盖上一只小一点点的圆匾，用十几米长绳子，吊空面上的盖匾，把绳子放到远处，让人守着。看麻雀钻进匾内偷食，就把绳子一松，盖匾合拢，然后再去抓住麻雀。

（70）官、打、捉、贼

叫四个小孩拿四张小纸头，纸头上分别写上"官、打、捉、贼"，写好后折拢，抖在地上，每人拾一张纸头，然后拆开，看看自己拾的是什么字。如果拾的是"官"字，就可以判决打"贼"的手心；拾到"打"字，就充当打手；拾到"捉"字，就要拿住"贼"的手；拾到"贼"字，就老老实实伸出手来给人家打。这个玩法，四人中必有一人被打。

（71）捉七

"捉七"可能是江南特有的女孩玩的游戏。用好看的花布头做成1.5寸见方的小口袋，内装大米或绿豆或沙子，然后封口，这就是"七"，拿在手上是沉甸甸的。"七"一般是七个，也有五个或者九个的。玩时用小手伸开五指抓成把，抓空再撒开

玩捉七（李秋妹／摄影）

在桌上，然后一一掼下去。依稀记得，一是"鸡啄米"，二是"小鸡拉屎"，三是小鸡进洞……抓"七"手指一定要灵活，因玩时手指张开并拢一刻不歇。有时还要把"七"叠起来翻到手背上，有点难度，很锻炼手指的灵活性。

"七"与"七"间互相不能挨着的，碰着了就输了，只能站在一边心焦地看人家玩。

（72）藏物找物

先分两个组，一个组在屋的东面把小石块藏在屋子的旁边，另一个组在屋的西面也如此行动，然后换过来找，看谁先找到为赢。

（73）挑花线板

用双手拿起一根线，做出一个花样，另一个人用双手去接，并做出不同花样，据说这样做会下雨。

（74）发拳

两人玩，各把手藏于身后，"嘘"的一声，然后同时伸出指头比输赢，五指代号：大拇指代表老土地，食指代表笃笃（鸡），中指代表扁担，无名指代表黄鼠狼，小指代表小蚂蚁。

规则：老土地吃鸡，扁担请老土地，黄鼠狼惹个香屁吞死老土地，老土地捏死小蚂蚁，鸡啄小蚂蚁，蚂蚁蛀空扁担头。

（75）夺长凳

一条长凳两头各站一人，各用一食指或中指顶住凳的下面把凳抬空，各向自己身边拉，直至对方脱手掉下凳子才算赢。

农家有一条长凳，人趴在凳上从一边弯过来。用嘴叼住横放在凳面上的筷子，叼住并回过身才算赢（一般不是凳子倒下，就是身躺在地上）。

（76）捉藏鸡

一群孩子围成一圈伸出右手握空心拳，拳口朝上伸向中间碰在一快，由一人边唱边用食指往圈心点戳，唱到最后一句点中谁，谁就可以离圈飞开去，口中念道"咕咕步，咕咕步"，一直到点光为止。点者就是捉藏鸡者，捉住哪人就停止游戏，捉光

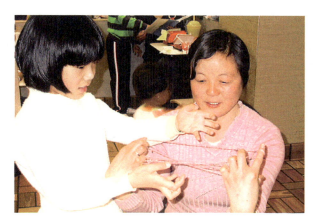

玩挑花线板（李秋妹／摄影）

为止，算取胜，两人同时被捉住叫担。做鸡的要常叫常站。蹲下的不可捉，只有站着时才可捉。

唱词为："蹲鸡，步鸡，捉介藏鸡，凭吾指点，格只嘟嘟（指藏鸡）可以飞。"

连续点，直到最后一名被点出圈才算赢。

（77）翻七寸

将一根长 1.5 米左右的木棍，挂于地上，双手握木棍离地 7 寸处，人仰卧身体成拱形，翻转一圈落地失败。

（78）滚铜板

在平地的一端用砖头搭个斜坡，将铜板竖直，对准斜坡放手让其自然落下。铜板顺坡滚下，向前滚行，以滑行最远者为赢家。

（79）叮铜板

将玩者平均凑到的铜板叠放在一块砖头上，在相距 1 米左右的地方画条线，用抓阄等办法排定次序。玩时站在线边，猫腰持一个铜板，瞄准叠放的铜板面，用力掷去，不论叮落多少个铜板，均为叮者所有。按顺序叮掷，直至砖头上的铜板叮光为止。

（80）夺大王

放学回家的时候在半路的一个大坟上夺大王。一般是一群男小孩看到一个大坟，就会提议进行夺大王的比赛。先是"剪刀、石头、布"决定谁先在坟上坐起，就是第一个大王，然后就是大家轮流上去挑战，胜者就是大王，要坐在坟上。

后 记

　　自 2009 年承担《嘉兴传统体育、游艺与杂技》的编撰任务，至今已有七年。如今此书终于付梓，我为之感到欣慰。

　　由于传统体育、游艺与杂技项目历来以口传身教的方式世代相传，并且沿袭传内不传外、传男不传女的家族式传承习俗，现存历史文献资料非常少。因此，在嘉兴文化、体育和教育主管部门的支持配合下，编者深入街道社区，走村进户进行实地访谈，观看实技演示，记录技法要领。通过调查，发掘出一批具有嘉兴地域特色和深厚历史文化价值的传统体育、游艺与杂技项目，获得第一手翔实图文资料，于 2011 年完成了初稿，然后，由嘉兴市文化局组织专家学者进行反复论证修改，2015 年形成《嘉兴传统体育、游艺与杂技》正式出版文字稿。

　　在《嘉兴传统体育、游艺与杂技》即将出版之际，请允许我感谢为该书编撰提供图文资料的嘉兴各级文化馆、非物质文化遗产保护中心；感谢嘉兴市各区县文化、体育和教育主管部门的大力支持；同时，感谢参与编撰调查的杭州师范大学体育与健康学院的研究生，他们是：曹俞、陈梦、王珊、庞振洲、康吕赐、梁毅等同学。

《嘉兴传统体育、游艺与杂技》项目繁多，涉及面广，加之现存文献不足，书中不当之处在所难免，敬请专家学者和广大读者不吝指教。

徐金尧

2016年6月

（因无法联系部分图片作者，望图片作者见到本书后与编者联系，即致稿酬。）

责任编辑　方　妍
装帧设计　任惠安
责任校对　王　莉
责任印制　朱圣学

图书在版编目（ＣＩＰ）数据

嘉兴传统体育、游艺与杂技 ／ 嘉兴市文化广电新闻
出版局编．－－ 杭州 ：浙江摄影出版社，2016.12（2023.1重印）
（越韵吴风.嘉兴市非物质文化遗产大观）
ISBN 978－7－5514－1529－3

Ⅰ．①嘉… Ⅱ．①嘉… Ⅲ．①民族形式体育－介绍－嘉兴 Ⅳ．①G852.9

中国版本图书馆CIP数据核字(2016)第301555号

嘉兴传统体育、游艺与杂技

嘉兴市文化广电新闻出版局　编

全国百佳图书出版单位
浙江摄影出版社出版发行
地址　杭州市体育场路347号
邮编　310006
网址　www.photo.zjcb.com
制版 浙江新华图文制作有限公司
印刷 廊坊市印艺阁数字科技有限公司
开本　787mm×1092mm　1/16
印张 9.25
2016年12月第1版　　2023年1月第2次印刷
ISBN 978－7－5514－1529－3
定价 74.00元